JN007105

これからの病院経営を担う人材

医 療 経 営 士 テ キ ス ト

先駆的事例に学ぶ
経営手法の新戦略

市場・非市場戦略の実践と内部資源確保に向けて

中 級【専門講座】

小笠原克彦 監修

5

日本医療企画

はじめに

　新型コロナウイルス（COVID-19）の感染拡大は、世界中の人々の暮らしに大きな影響を与えました。わが国においても、社会システム、人々の生活に大きな影響を与えています。日本病院会、全日本病院協会、日本医療法人協会が2020年11月に報告した「新型コロナウイルス感染拡大による病院経営状況の調査」によると、COVID-19の影響から、対前年と比較し厳しい経営状況が継続している状態であることが報告されており、これまでどおりの入院・外来患者数に戻そうとしても、小児科・眼科・耳鼻科等の診療科では受診控えが続いていることが報告されています。さらには感染対策コストの増加、手術件数の減少、職員の採用等の点から、医療・介護分野におけるポストコロナ時代の新たな経営手法を考えなければならない時期に来ています。

　2018年4月には介護保険法改正による介護医療院新設、診療報酬改定に伴う在宅医療拡大、オンライン診療新設等に見られるように、医療と介護をシームレスに連携させる制度改定があり、今後も改定の度に修正が議論されていくと推測されます。医療機関および介護事業者は制度改定に対してどのように対応していくか、または、どのように他の利害関係者と連携し自らの地域と関わっていくかを戦略的に検討する必要があります。しかし、一般にこうした戦略を検討する際の視点のヒントとなる事例や理論について触れる機会は多くありません。

　そこで本書は「先駆的事例に学ぶ経営手法の新戦略」というテーマから、医療・介護分野における先進的な経営手法や事例を中心として、医療機関の経営を担う人材が、これからの時代における医療経営に取り組む上で習得していただきたい事項をまとめております。

　第1章の「医療機関のCSR/CSV経営と顧客接点の多様化」では、医療機関を取り巻く外部環境の変化と、それに伴う医療機関のマーケティング戦略について説明し、CSR（Corporate social responsibility：企業の社会的責任）やCSV（Creating shared value：共有価値の創造）といった概念を医療機関経営と結び付けて解説し、そのような先駆的な取り組みを行っている医療機関の事例を紹介しています。

　第2章の「医療経営の外部環境分析と非市場戦略」では、市場戦略と非市場戦略に違いについて説明した上で、医療における非市場戦略が診療報酬制度等の医療制度の適正化に与える影響や、非市場環境を分析するフレームワークについて解説しています。

　第3章の「医療機関を取り巻く外部環境と新規参入事例」では、近年の病院・一般診療所数の増減や、医療機関の機能分化と連携について説明し、他医療機関との競争激化の時代において新規参入を行っていく上での参入障壁と、その分析手法について説明しています。

さらに、近年の医療業界における参入事例として、COVID-19の感染拡大に伴うオンライン診療の普及についても紹介しています。

　第4章の「在宅医療分野の現況および参入効果とリスク、取り組み事例」では、在宅医療分野の変遷から、その参入効果と収益、診療報酬との関連性について解説し、訪問診療・在宅医療の環境変化と、それらの分野へ新規参入するリスクについて説明しています。

　第5章の「医療・介護分野における人材採用」では、医療・介護需要の拡大に対応する人材確保の現状として、民間職業紹介事業者を利用した採用の現状と課題について解説し、より良い人材獲得のための先進的な取り組みを行っている病院の事例を紹介しています。

　医療経営企画を担う人材には、外部環境・内部環境の分析から、時代の変化に併せてビジネスモデルを検討していく知識とスキルが必要です。本書がそのような人材の新たな知識獲得・スキル向上に貢献し、新たな時代の医療経営に貢献することを望みます。

著者代表・小笠原　克彦

目 次
contents

第 **4** 章 在宅医療分野の現況および
参入効果とリスク、取り組み事例

第 **5** 章 医療・介護分野における人材採用

第1章

医療機関のCSR／CSV経営と顧客接点の多様化

1 外部環境の変化と顧客の再認識

1　医療マーケティングにおける7つのPと2つの顧客

　他の産業や一般企業の経営活動における重要な要素の1つに「マーケティング」がある。その基本戦略は、製品(product)、価格(price)、プロモーション(promotion)、および流通チャネル(place)の4つの要素戦略を整合的に組み合わせたマーケティングマネジメントである。医療サービスにおけるマーケティング・ミックスは、この4Pにさらに物的証拠(physical evidence)、プロセス(process)、人(people)の3つのPを加えた7Pで説明される[1]。医療機関の経営におけるマーケティングの重要性は認識されているものの、医療機関の場合、医療法による広告規制や診療報酬制度による価格統制等の医療政策の影響が大きく、マーケティング機能の有効性が他の業界に比べて相対的に弱いことが指摘されている[2]。

　医療機関の経営においては、法令の定めるところにより医療行為以外の収入はほぼ認められておらず、提供した医療サービスへの対価として保険者から受け取る診療報酬が収入の中心となる。医療機関の収入について極めて単純化して考えると、

$$収入＝症例数×サービス量×サービス価格$$

で表すことができる。

　医療機関が提供する医療サービスの価格は政府による公定価格であり、出来高払い方式では症例数とサービス量が収入を決定する大きな要因となる。包括払い方式ではサービス量とサービス価格が包括化されるため、症例数が収入を決定する大きな要因となる。当然のことながら、「自院において医療サービスを消費する患者(顧客)」がいなければ医療機関の経営は成り立たないということがいえる。

　B to Cの観点からいえば、医療機関の経営における顧客は大きく次の2つに区分される。新規顧客である新規患者(新患)と既存顧客である再来患者である。そして、自身が病気なりけがをした場合に医療サービスは消費されるため、主に自施設の周辺に居住する地域住民は潜在的な患者(顧客)として捉えることができる。わが国では少子高齢化が急速に進展した結果、2008年をピークに総人口は減少に転じており、人口減少時代を迎えている。国立社会保障・人口問題研究所の将来推計によると、2050年には日本の総人口は1億人を下回ることが予測されている。図1-1に示すとおり、2025年以降は後期高齢者の数

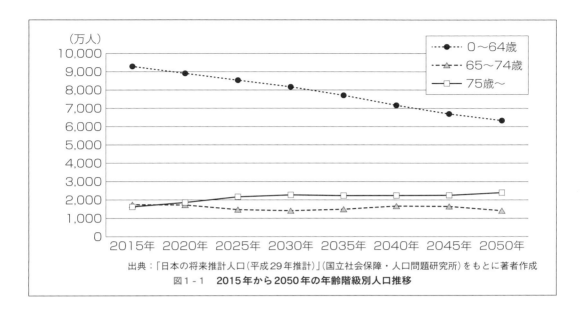

出典：「日本の将来推計人口（平成29年推計）」（国立社会保障・人口問題研究所）をもとに著者作成

図1-1　2015年から2050年の年齢階級別人口推移

はほぼ横ばいとなり、若い世代（0〜64歳）は当分減少が続くため、医療需要のピークは2025年、介護需要は2030年と予想されている。2025年以降、医療の需要減少という局面において、安定した経営を実現するためには、新患を獲得し、再来患者を離反させずに維持するためのマーケティング戦略がより一層重要となることが示唆される。

　とりわけ近年、予防医学や未病対策の重要性が認識されるようになったことから、地域住民へのアプローチは重要度を増している。病気の発症を遅らせることは、日常生活に支障がある期間をできるだけ短くし、健康な状態で過ごせる期間（健康寿命）を延ばすことにつながる。この領域に関連する産業は「ヘルスケア産業」と呼ばれ、医療・介護だけでなく、運動・見守り・買い物支援等のサービスの拡大や、農業・観光等の地域産業との連携による新たなヘルスケアビジネスの創出が期待されるなど、今後の市場規模の拡大が予想されている。また、近年は一般企業において社会課題への取り組みの戦略的重要性が認識されており、社会課題に直結するヘルスケア領域は多くの一般企業にとって新規事業創出を検討すべき領域ともなっている。

　こうした外部環境の変化に対して、医療機関の取り得る戦略は何であろうか？　本章では、顧客接点（タッチポイント）の視点から医療機関のマーケティング戦略の概観を示し、近年注目されているCSR（Corporate social responsibility：企業の社会的責任）やCSV（Creating Shared Value：共有価値の創造）と医療機関経営とを結び付けることによる顧客接点の多様化について述べる。その上で、一般企業との協働について先駆的な取り組みを行っている医療機関の事例を紹介する。

② 顧客接点を中心とした医療マーケティング

　現代マーケティングの第一人者、「マーケティングの神様」と称されるアメリカの経営学者フィリップ・コトラーによると、マーケティングとは、「価値を創造する交換過程をつくる活動」と定義されている。マーケティングを単に「利益追求」ではなく「顧客満足」のための行為として捉え、患者(顧客)と医療機関との長期的な関係性を構築する戦略が求められる。

1　患者の医療機関の選択行動

　近年、インターネットの普及によってこれまでより容易に医療情報を入手できるようになり、患者は事前に調査をしてから医療機関を選択するようになった。救急搬送であれば選択の余地がない場合もあるが、多くの患者には一定程度の時間的猶予があり、このような患者は、積極的に情報探索して選択肢を検討し、情報を得た上で意思決定を行う。

　厚生労働省の受療行動調査では、ふだん医療機関にかかる時の情報の入手先を調査している(図1-2)。ふだん医療機関にかかる時に「情報を入手している」者は、外来が77.7％、入院が82.6％であった。「情報を入手している」者について、外来、入院ともにすべての年齢階級で「家族・知人・友人の口コミ」が最も高く、次いで、「医療機関の相談窓口」「医療機関が発信するインターネットの情報」が高かった。自身の求める情報は、信

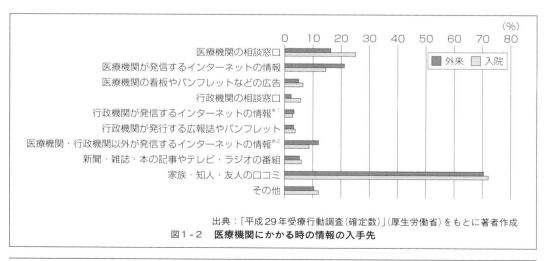

出典：「平成29年受療行動調査(確定数)」(厚生労働省)をもとに著者作成
図1-2　医療機関にかかる時の情報の入手先

※1　医療機能情報提供制度など
※2　SNS・電子掲示板・ブログの情報を含む

頼できる情報源として医療機関から収集することに加え、インターネットやSNS、家族・知人・友人といった入手しやすい経路から収集しており、医療機関の選択という意思決定におけるネットや口コミの重要性が示唆される。

2　AISASモデル

　ネット戦略については、「医療経営士テキスト」中級・一般講座3『医療マーケティングと地域医療——患者を顧客としてとらえられるか』の第6章においても、その重要性が述べられている。ネットにおける購買決定プロセスモデルとしてAISASが説明されており、消費者はまず、その製品・サービスの存在を知り（Attention）、興味をもち（Interest）、ネット上の詳細情報や口コミから情報を検索し（Search）、購買行動に至り（Action）、その後製品・サービスを購入することで得た体験を共有する（Share）という購買決定プロセスを経る。AISASとは、この英単語の頭文字を順に並べたものである。

　AISASモデルではShare（共有）された内容が、次に誰かが検索するときの情報になるという循環構造になっている点に特徴がある（図1-3）。患者の医療機関の選択行動においては、口コミによる情報入手の割合が高く、正しい情報であれば医師と患者との間における情報の非対称性の解消に寄与し、良い評判であれば医療機関のプロモーションに貢献すると考えられる。一方で、悪い評判はすぐに広範囲に伝播し、以前よりも早いペースで患者が減少していくことが問題視されている[2]。

　良い評判を伴うShare（共有）を引き出すためには高い顧客満足（患者満足）が必要と考えられる。サービスにおける売上や利益に関係する従業員満足・顧客満足・企業利益の因果関係を示したフレームワークであるサービス・プロフィット・チェーンによると、顧客満足が顧客のロイヤルティの獲得に繋がり、反復購買や他の顧客への推奨といった行動の源

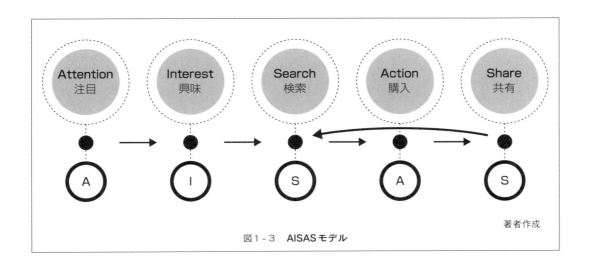

図1-3　AISASモデル

著者作成

泉となることが示されている[3]。また、従業員満足度が顧客満足度に寄与すると考えられていることから、恒常的に従業員のモチベーションを高め、企業への帰属意識を強める必要があり、そのためには金銭的な報酬だけでなく、仕事の面白さ・やりがい等も重要な要素として挙げられる。

3　患者体験価値

　顧客満足（患者満足）の向上の対象は、「自院において医療サービスを消費する患者」であり、顧客サービスの価値、特に医療の質の向上に繋がる施策は重要である。日本では、1995年に国民の健康と福祉の向上に寄与することを目的として、中立的で科学的な医療機関の評価を行う第三者機関である財団法人日本医療機能評価機構（現公益財団法人日本医療機能評価機構）が設立された。この機関により、病院組織全体の運営管理および提供される医療について評価がなされ、一定の水準を満たした病院は「認定病院」と称される。現在適用されている機能種別版評価項目＜3rdG：Ver2.0＞は、4つの評価対象領域から構成されている。

　第1領域は「患者中心の医療の推進」であり、病院組織の基本的な姿勢、患者の安全確保等に向けた病院組織の検討内容、意思決定について評価される。第2領域、第3領域は「良質な医療の実践」であり、病院組織として決定された事項の、診療・ケアにおける確実で安全な実践と、それを実践する上で求められる機能の各部門における発揮について評価される。第4領域は「理念達成に向けた組織運営」であり、良質な医療を実践する上で基盤となる病院組織の運営・管理状況について評価される。現在、全国の約3割の病院が病院機能評価を活用しているが、こうした機能評価を受けずとも、多くの病院では医療の質の向上に繋がる施策が講じられているものと予想される。

　一方、一般企業の経営では、消費者のニーズが多様化し、製品・サービスだけでは差別化が難しくなってきた状況において、企業の新たな差別化戦略として顧客体験価値（Customer Experience：CX）が注目されている。顧客体験価値とは、製品・サービスを通じて顧客が経験する心理的・感情的な価値のことである。顧客満足は、製品・サービスを「購入してから」が前提であり結果志向といえるのに対し、顧客体験価値は、顧客が製品やサービスに興味を持ち、購入し、サービスを利用し続けるまでの企業とのすべての接点が考慮されるためプロセス志向といえる。医療機関の場合、患者体験価値（Patient Experience：PX）に置き換えられ、英国では臨床的有効性や患者の安全性と並んで、医療の質の三本柱の1つとして認識されるようになってきている。患者体験価値に関する55の研究から得られたエビデンスをまとめた研究では、患者体験価値、患者の安全性、臨床的有効性の間には一貫した正の関連性が存在することが報告されている[4]。

4 顧客接点（タッチポイント）とカスタマージャーニー

　患者体験は「組織の文化によって形成されたすべての相互作用の総和であり、ケアの連続性の中で患者の知覚に影響を与えるもの」と定義される[5]。「相互作用」とは「人、プロセス、ポリシー、コミュニケーション、行動、および環境の有機的に結合（オーケストレーション）された顧客接点」であり、「患者の知覚」とは「患者や支援者が認識し、理解し、記憶していること」であると定義される。顧客接点を把握するための方法として、カスタマージャーニーマップの作成がある。カスタマージャーニーマップとは、顧客が製品・サービスを購入するまでに至る行動全般を旅（ジャーニー）に見立てて可視化したものである。カスタマージャーニーマップを作成することで顧客の行動が時系列で把握でき、顧客の満たされていないニーズ、リスクのあるポイント、より大きな利益を得るポイント等を明らかにすることができる。

　患者のジャーニーマップを単純化し、ステージとタッチポイントのみを示したものが図1‐4である。「①自覚症状」では、状態や症状を自己評価し、ネットなどで検索する。「②医療機関へ電話・来院」では、電話越しに症状を伝え予約し、来院する。「③診察」では、問診、検査等を通じて健康状態を評価する。「④治療」では、状態に応じて医療サービスを提供、場合によっては入院する。「⑤経過観察」では、継続的な投薬、リハビリテーションなどを実施し、必要に応じて後日再来院する。医療提供者は、病院のリソース（ベッド、手術室、専門スタッフなど）を最大限に活用しながら、安全で効率的な患者ケアを提供するために、院内の患者の流れを管理することを目指している。患者の流れが悪いと、生産性のレベルが低下し、患者に危害を及ぼすリスクが高まり、患者が感じる質のレベルが低下する可能性がある。そうした患者の流れも患者のジャーニーマップで確認することが可能である。

　自院スタッフと患者との直接的な顧客接点は、主に②〜⑤に存在する。①にはSNS、口コミ、ホームページの閲覧等で自院との顧客接点が存在する場合がある。⑤の所謂「予後」

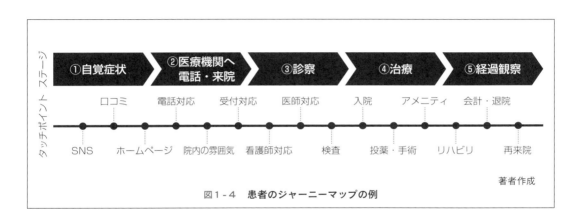

図1‐4　患者のジャーニーマップの例

に継続的なケアが必要であるとすれば、患者の来院と来院の間の継続的なケアマネジメントが必要になる。このとき、例えば主訴に対する「診療」にあたって、その主訴以外に軽度の高血圧が見られ、生活習慣の改善を指導して患者が帰宅したとすると、予後は「予防」の期間とも重複することとなる。図1-5に示すとおり、医療提供者は「予防」「診療」「予後」の時系列を点・線と見なし、「診療」部分のみに顧客接点を限定しがちであるが、患者起点で考えるとこの3つの状況はサイクルを描くということに注意が必要である。

　医療機関は、患者のジャーニーマップ全体を通して、直接、間接を問わず、特定の会社やブランドと関わるその関係の深さを表す「エンゲージメント」を促進する方法を考える必要がある。医療機関と患者、そして地域住民とのエンゲージメントでいえば、両者の間に信頼できる長期的な関係を構築、維持、強化することが重要であり、このような関係があることによって、患者や地域住民は医療機関に興味を持ち、積極的に関与し続けることができる。また、地域住民との顧客接点を多様化する視点で見れば、患者のジャーニーマップをさらに長期的に捉え、①を含むそれ以前と⑤を含むそれ以降、つまり院外においていかに顧客接点を作り出すかを検討する必要がある。

　病気なりけがをしている患者には、主訴の治療や健康へのニーズが存在していると考えられるが、日常生活を営む地域住民も含めると、両者には共通して個々に異なる背景によって複合的なニーズと多様な価値観が存在している。選択的で価値観を重視する個人の顧客体験価値を向上させるには、院内における患者接遇はもとより、院外においても顧客接点を多様化させ、あらゆる顧客接点で最適な顧客体験を提供する必要がある。医療機関が患者と地域住民のニーズと期待を一貫して上回る一連の相互作用を生み出すことにより、その個人は医療機関のファンとなり、より多くの紹介者を生み出し、結果として医療機関全体の収益性を高めることが期待できる。

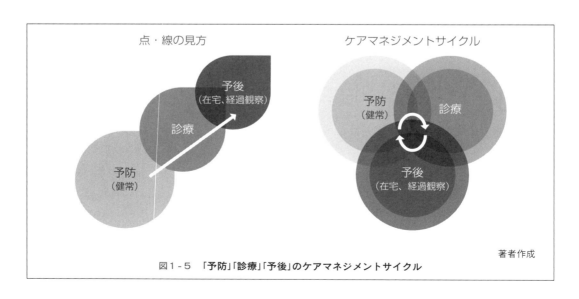

図1-5　「予防」「診療」「予後」のケアマネジメントサイクル

5　医療機関のマーケティング戦略の課題

　先述したとおり医療機関は診療報酬が収入の中心となる。保険給付は治療が原則とされているため、これまで予防医療については保険医療外となり、予防にかかる医療費は全額患者負担とされてきた。そのため、患者が病気になってから治療を開始するという医療が中心であり、病気になる前から健康管理を行い、病気を予防するという予防医療の取り組みはなかなか進まなかったという側面がある。しかし、近年その状況は変化の兆しを見せている。診療報酬改定の基本方針（厚生労働省）には「将来を見据えた課題」という項目があり、2016年度からその項目に「予防・健康づくり」のワードが入り、2020年度には「予防・健康づくりやセルフケア等の推進が図られるよう、住民、医療提供者、保険者、一般企業、行政等のすべての関係者が協力・連携して国民一人ひとりを支援するとともに、国はこうした取組に向けた環境整備を行うことが必要である。」との記載がなされた。2020年4月の診療報酬改定では、乳がんの患者が予防的に乳房を切除する手術、歯科では歯周病重症化予防治療が保険適用になるなど、今後、エビデンスに基づき、「予防・健康づくり」に関係する様々な取り組みが保険適用される可能性がある。

　こうした政府のエビデンスに基づく予防・健康づくりの取り組みの促進や、個人の健康志向への高まりを踏まえると、第4項「顧客接点（タッチポイント）とカスタマージャーニー」で述べた「①（自覚症状）以前と⑤（退院）以降にいかにして顧客接点を作り出すか」という点について、①（自覚症状）以前の予防的段階に医療機関として地域住民にアプローチすることは自然である。また、⑤（退院）にあたっては、患者本人に再入院を減らし、主体的な健康づくりを始めるといった行動——ライフスタイルの変化が生じる可能性が高く、その主体的な行動に医療機関が適切なアドバイスを与え、継続的な関係性を構築することも可能であろう。

　ここまで顧客接点という視点から、医療機関のマーケティング戦略について述べてきた。わが国では、患者が病気になってから治療を開始するという医療が中心であったため、治療の必要性を減らしたり（予防）、病態の継続的な管理によって再発を予防したり（疾病管理）することまでを含めて、ケアマネジメントサイクル全体に対する視野を持つものは少ないと予想される。今後は「予防・健康づくり」という視点を踏まえ、従来の医療提供のバリューチェーンを見直す必要があると考えられる。

③ 医療機関のCSR／CSV経営

　顧客接点を作り出す具体的な方策の１つとして、地域医療の推進、さらには地域の健康を通じたまちづくりへの貢献が挙げられる。例えば、市民公開講座などはこうした取り組みの１つと捉えられる。医療機関の地域ブランド構築という方法論は、地域のまちづくりにも、医療サービスの提供にも親和性があり、戦略的に応用されているといわれている[3]。「将来、来院する見込みのある患者」は地域住民であり、そこには新患も再来患者も含まれているといえる。つまり、まちづくりへの貢献は、新規顧客の獲得にも既存顧客の維持にも作用するマーケティング活動と捉えることができる。

1　社会課題解決としてのまちづくり

　医療機関がまちづくりに関与する場合、その地域が抱える課題の抽出だけでなく、社会課題解決に向けた政府や自治体の動向を把握する必要がある。現在わが国で進められている地域包括ケアシステムの構築もまちづくりと深く関係している。社会保障制度国民会議報告書において、「地域包括ケアシステムを実現するためには、医療サービスや介護サービスだけなく、住まいや移動、食事、見守りなど生活全般にわたる支援を併せて考える必要があり、このためには、コンパクトシティ化を図るなど住まいや移動等のハード面の整備や、サービスの有機的な連携といったソフト面の整備を含めた、人口減少社会における新しいまちづくりの問題として、医療・介護のサービス提供体制を考えていくことが不可欠である」と指摘されている。このことは、地域包括ケアシステムの構築に向けて考慮すべき領域が、公的医療・介護保険内に留まらず、公的保険外の運動・栄養・保健サービス等、さらには農業・工業・観光等の地域産業やスポーツ関連産業等との連携まで含むことを意味する。

　また、政府の動向として、少子高齢化は現在わが国が抱える社会課題の１つであり、これを背景として、誰もがより長く元気に活躍できる社会の実現に向け、2018年に「2040年を展望した社会保障・働き方改革本部」が厚生労働省に組成された。その取り組み内容として、これまでに引き続き「給付と負担の見直し等による社会保障の持続可能性の確保」に加え、「多様な就労・社会参加」、「健康寿命の延伸」、「医療・福祉サービス改革」の３つのテーマが挙げられている。健康寿命の延伸では、図１－６に示すとおり、誰もがより長

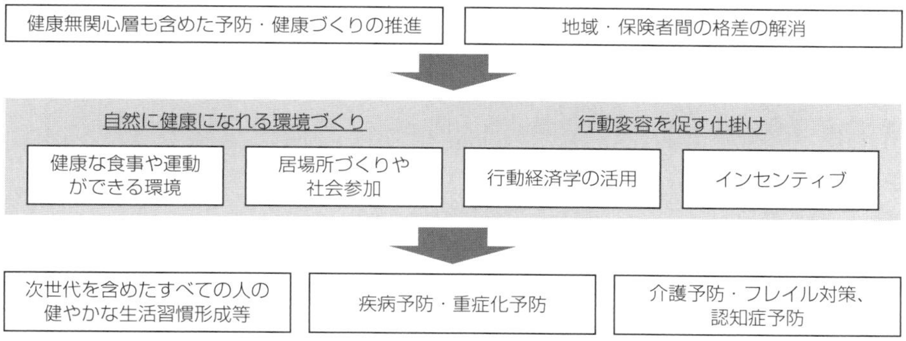

健康無関心層も含めた予防・健康づくりの推進
地域・保険者間の格差の解消
自然に健康になれる環境づくり
行動変容を促す仕掛け
健康な食事や運動ができる環境
居場所づくりや社会参加
行動経済学の活用
インセンティブ
次世代を含めたすべての人の健やかな生活習慣形成等
疾病予防・重症化予防
介護予防・フレイル対策、認知症予防

出典：第２回2040年を展望した社会保障・働き方改革本部資料（厚生労働省）をもとに著者作成

図１-６　健康寿命延伸プランの概要

く元気に活躍できる社会を目指し、「健康無関心層も含めた予防・健康づくりの推進」と「地域保険者間の格差の解消」が掲げられている。この「予防・健康づくりの推進」は、医療機関が大いに貢献できる領域と考えられる。

Column①行動経済学とナッジ

図１-６には「行動経済学の活用」による「行動変容を促す仕掛け」が必要になると示されている。行動経済学は、これまでの標準的経済学が、様々な経済現象を合理的な人間行動の結果として整合的に説明してきたのに対し、その標準的経済学では説明できない現象に着目し、狭い意味での合理性の仮定を見直し、人間が経済社会の中で実際にどのように行動しているのかを研究する科学とされる。行動経済学の領域で、2017年ノーベル経済学賞を受賞したリチャード・セイラーは「ナッジ理論」を提唱している。ナッジとは直訳すると“肘で軽く突く”という意味で、強制することなく自発的に人々の行動を変容させるアプローチを指す。同資料にも「ナッジ等を活用した自然に健康になれる環境づくり」の事例として東京都足立区の「あだちベジタベライフ」（ラーメンや焼肉を注文しても自ずと食前ミニサラダが出てくるような「ベジファーストメニュー」など）や、「ナッジ等を活用した健診・検診受診勧奨」の事例として福井県高浜町の「特定健診とがん検診の同時受診」（Opt-outフォームで特定健診とがん検診のセット受診率を向上）が紹介されている。

英国では2010年に、また米国では2015年に「ナッジ・ユニット」と呼ばれるナッジを政策に応用するための専門チームが発足し、わが国でも、2017年に環境省、2019年に経済産業省に日本版ナッジ・ユニットが立ち上がった。社会課題解決手法としてナッジは注目されており、医療分野に行動経済学の概念を当てはめようという動きも進んでいる。

2 地域包括ケアシステムとヘルスケア産業

　地域包括ケアシステムの構築を新しいまちづくりの問題として捉えたときに、公的保険外の製品・サービスの供給者との連携が必要であるとすれば、医療や介護をより広く捉えたヘルスケアという表現を用いることが適していると考えられる。日本ヘルスケア協会ではその定義(簡略版)を「自らの『生きる力』を引き上げ、病気や心身の不調からの『自由』を実現するために、各産業が横断的にその実現に向け支援し、新しい価値を創造すること、またはそのための諸活動」とし、想定される関連産業を提示している(図1-7)。実際に、ヘルスケアサービスは、政府・自治体、医療機関、一般企業など利害の異なる多くのプレーヤーが関わって提供されている。

　地域全体のヘルスケアサービスのレベルを高く保つことやその向上に取り組むことは、先述した「予防・健康づくり」という社会課題の解決に繋がるため、健康維持・増進という点で地域住民にとって重要である。医療機関は、新たなヘルスケアサービスの利用による疾病の早期発見やQOLの適正化を通じて、患者満足の向上に繋がることが期待できる。政府・自治体においても健康寿命を延ばすことで人的資源を補い、社会に活力をもたらすことや、成長戦略としてのヘルスケア産業支援という点でメリットがある。そして、一般企業においては、社会課題への取り組みの戦略的重要性が高まっている情勢において、社会課題に直結するヘルスケア領域への参入は整合性がある。

　こうした地域のヘルスケアサービスに関連するプレーヤーとの協働はまちづくりには不可欠な要素であり、これまでの医療提供そのもののバリューチェーンを考えるときには深い関わりを持たなかった一般企業、特に地域性の高い医療機関にとっては地元企業との連携が重要と考えられる。

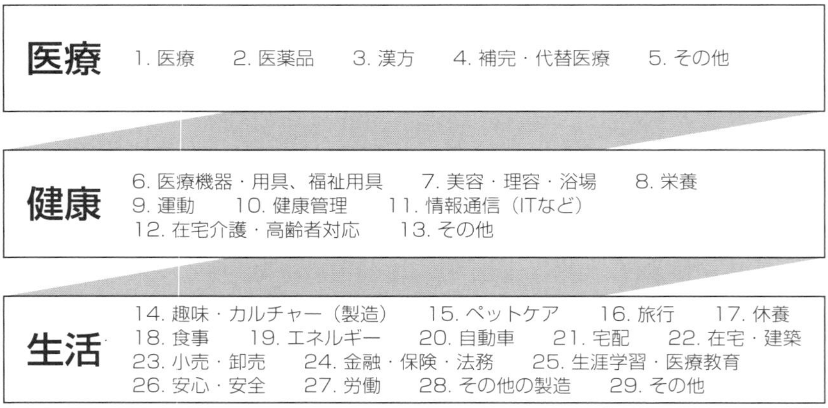

医療	1. 医療　2. 医薬品　3. 漢方　4. 補完・代替医療　5. その他

健康	6. 医療機器・用具、福祉用具　7. 美容・理容・浴場　8. 栄養 9. 運動　10. 健康管理　11. 情報通信(ITなど) 12. 在宅介護・高齢者対応　13. その他

生活	14. 趣味・カルチャー(製造)　15. ペットケア　16. 旅行　17. 休養 18. 食事　19. エネルギー　20. 自動車　21. 宅配　22. 在宅・建築 23. 小売・卸売　24. 金融・保険・法務　25. 生涯学習・医療教育 26. 安心・安全　27. 労働　28. その他の製造　29. その他

出典：「一般財団法人日本ヘルスケア協会．ヘルスケアの定義(詳細版)」をもとに著者作成
図1-7　想定されるヘルスケア関連産業分野

3　医療機関のCSR経営

　一般にCSRは「企業の社会的責任」と訳される。わが国においては、経済同友会が1956年に「経営者の社会的責任の自覚と実践」という提言を行って以来、50年の歴史があると言われているが、CSRという言葉が本格的に用いられ、報告書等が増え始めたのは2000年前後からである。2010年11月には、国際規格ISO26000「社会的責任の手引き」が発行されている。

　それ以前は、フィランソロピー（寄付やボランティアといった社会貢献活動）や慈善活動もCSRの一環として認識されていたが、ISO26000では、「慈善活動は社会にプラスの影響を与えることができるが、組織はこれを、その組織への社会的責任の統合に代わるものとして利用すべきでない」とされ、その意味は明確に分けられている。社会的責任とは、「組織が法令を遵守して、関係者の意見をよく聞きながら本業活用・本業関連で実践する、社会・環境の持続可能性に貢献するための活動」であり、CSRはこれを企業が推進することを指す。ISO26000では、社会的責任の手引きとなる体系も規格として示されており、社会問題への責任遂行は企業のみならず、病院、自治体、学校、NPO、消費者などすべての組織に適用される。CSRの応用概念として病院の社会的責任（Hospital social responsibility：HSR）があり、HSRは「コンプライアンスの体制が整ったうえで、病院本来の使命である診療あるいは研究の実績を高めていく。そして、地域医療との連携、公衆衛生や保険医療への協力、国際活動への参加など、各病院に可能な独自の社会貢献を行っていく。これらの活動をステップごとに充実させて整合性を持たせて総合的に取り組んでいくこと」と捉えられている[6]。

　自社のCSR実践の成果を利害関係者に開示するための1つのツールとしてCSR報告書が挙げられる。一般企業が自主的に発行するCSR報告書の発行は年々増えてきているが、そうした取り組みを行っている医療機関も存在する。北海道札幌市を主な拠点とした地域の中核医療機関であり、4病院を含む総事業所数84の医療・保健・福祉の複合事業体である渓仁会グループでは、2004年以来、医療・福祉の関連機関としては全国に先駆けてCSR経営という概念を導入し、2006年には「CSRレポート2006」を発行している。CSRレポートは、病院が目指す理念と方向性を明確に示すために、CSRの活動内容を中心に独立したレポートとして編集したものであり、2006年以降毎年発行され、ホームページからはバックナンバーも含めてそのすべてがダウンロード可能となっている[7]。渓仁会グループでは2014年10月1日に「渓仁会グループの社会的使命」を制定している。その内容は、"「ずーっと。」人と社会を支える"を主題に、「私たち渓仁会グループは、社会的責任（CSR）経営を推進します。高い志と卓越した医療・保健・福祉サービスにより、『一人ひとりの生涯にわたる安心』と『地域社会の継続的な安心』を支えます」というものである。「渓仁会グループの社会的使命」には、CSRやHSRに通じる説明責任と公益性、そして持続性

が包含されており、図1-8の渓仁会グループの理念体系図が示すとおり、事業理念や各種達成目標の上位概念として、経営の根幹を成すものと位置付けられている。また、グループの活動全体を支え、CSR経営を確かなものにする取り組みとして渓仁会マネジメントシステム（KMS）を位置付けている。KMSは、品質マネジメントシステムに関する国際規格であるISO9001をベースに、個人情報に関することや環境保護に関することなど、提供するサービスをさらに良くするために、渓仁会グループが必要と考えた取り組みを加えた独自のマネジメントシステムである。渓仁会グループのこうした取り組みは経営の質向上をもたらし、社会情勢の変化とともに、医療情勢が激しく揺れ動き、急速に変化している中で、法人全体の収益は2014年度以降右肩上がりに向上しており、安定した経営を続けている。

4　CSV経営戦略

　ファイブフォース分析やバリューチェーンなど企業の競争戦略を専門とする米国の経営学者マイケル・ポーターとFSG（Foundation Strategy Group）共同創設者のマーク・クラマーは、義務、倫理、評判のためと位置付けられるCSRを否定する形で、2006年に示した「戦略的CSR」の概念を発展させ、2011年に「Creating shared value：CSV」を提唱した。一般にCSVは「共有（共通）価値の創造」と訳される。CSVは、社会のニーズや問題に取り組むことで社会的価値を創造し、その結果、経済的価値が創造されるというアプローチである[8]。共有価値の概念は、企業が事業を営む地域社会の経済条件や社会状況を改善しながら、みずからの競争力を高める方針とその実行と定義され、共有価値の創造の方法として以下の3つが挙げられている。

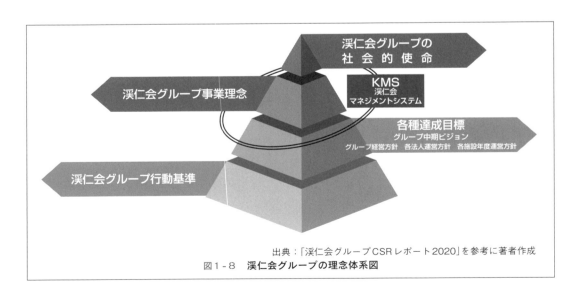

出典：「渓仁会グループCSRレポート2020」を参考に著者作成
図1-8　渓仁会グループの理念体系図

「製品と市場を見直す」
「バリューチェーンの生産性を再定義する」
「企業が拠点を置く地域を支援する産業クラスターをつくる」

　第1は「製品と市場を見直す」である。既存市場や新市場のための新製品やサービスを創造し、より良い社会的ニーズに応えることをいう。第2は「バリューチェーンの生産性を再定義する」である。エネルギーの利用とロジスティックス、資源の有効活用、調達、流通、従業員の生産性、ロケーション等について、共有価値の観点からバリューチェーンを見直すことをいう。第3は「企業が拠点を置く地域を支援する産業クラスターをつくる」である。「産業クラスター」とは、特定分野における関連企業、専門性の高い供給業者、サービス提供者、関連業界に属する企業、関連機関が地理的に集中し、競争しつつ同時に協力している状態を指し、「エコシステム」もほぼ同義である。

　まちづくりという視点でいえば、第3の「企業が拠点を置く地域を支援する産業クラスターをつくる」ことへの注力が必要であろう。先述のとおり、医療機関、地域住民、政府・自治体、一般企業といったヘルスケア領域を取り巻く主要なプレーヤーの思惑は一致しており、社会課題解決を通じたまちづくりという事業において、協働して産業クラスターを形成しやすい環境にあるといえる。地域が抱える少子高齢化や人口減少といった課題は、その地域における顧客の喪失や需要の減少に直結する。しかし、医療機関や地元企業等で構成された産業クラスターが事業を通じてそれらの地域課題を解決することは、地域における顧客の喪失や需要の減少を抑制するだけでなく、地域活性化による恩恵を受けた地域住民の所得向上や生活環境の向上が、地域における新たな顧客の創造や需要を増加させることに繋がり、結果としてその恩恵を産業クラスターを構成するプレーヤーが享受することができるという好循環を生み出し得る。

4 医療機関のCSV経営戦略の事例
——恩賜財団済生会支部北海道済生会小樽病院

　病気という苦しみから患者を救い、人々の健康に貢献するという点で、医療機関は本業そのものが社会貢献であり、おしなべてCSV的であるといえる。しかし、社会のニーズや価値観は刻々と変化し、それに応じて医療機関に求められる役割も変化する。そして、個々の医療機関では対応の難しい課題に直面する場合には、コストを分担し、支持を取り付け、しかるべきスキルを結集するために、パートナーの協力を仰ぐ必要が出てくる可能性もある。自院が提供する価値を再定義し、こうした変化に柔軟に対応することが、経営戦略上重要であり、持続可能な成長へ繋がることが期待できる。

　本節では、自院の経営戦略を"CSV的まちづくり"として新たな取り組みを行っている社会福祉法人恩賜財団済生会支部北海道 済生会小樽病院の事例を紹介する。

1 病院概要

　恩賜財団済生会は明治天皇が医療により生活困窮者を救おうと1911（明治44）年に創設された、現在、全国に99の病院と診療所、292の福祉施設等を展開する日本最大の社会福祉法人である。現在の済生会小樽病院は2013年にJR小樽築港駅近郊に移転新築され、一般病床258床（包括ケア病棟53床、回復期リハビリテーション病棟50床）、常勤換算職員数432.8名（2018年4月時点）、診療科は内科・消化器内科、循環器内科、神経内科、外科・消化器外科、整形外科、泌尿器科、リハビリテーション科、放射線科、緩和ケア内科があり、特に整形外科に強みを持ち、小樽・後志2次医療圏の運動器の外傷・救急医療、変性疾患、スポーツ障害のセンター施設になっている。地域密着型病院として、急性期から回復期まで切れ目のない一貫した医療の提供を目指しており、2008年の回復期リハビリテーション病棟の開設以降、済生会小樽病院の医業収益は右肩上がりに向上している。関連施設として、医療型障害児入所施設・療養介護の済生会西小樽病院"みどりの里"、介護老人保健施設"はまなす"を有している。

　小樽市には済生会小樽病院および関連の済生会西小樽病院を含む16病院が存在し、その内一般病床100床以上を有する病院は、小樽市立病院、社会福祉法人北海道社会事業協会小樽病院、小樽掖済会病院、医療法人ひまわり会札樽病院がある。

2 新築移転に伴う基本構想の策定

　移転新築先の小樽築港駅周辺エリアは、小樽市のウォーターフロント開発に民間活力を導入する計画に基づき、1999年に延床面積340,180m²の巨大複合商業施設であるマイカル小樽（現在のウイングベイ小樽）の開業から再開発が進んでいる地区である。近隣にはマンションが建設され、小樽築港駅も南北の駅前広場と自由通路、新駅舎が建設され、駅舎は自由連絡通路によってウイングベイ小樽に直結している。ウイングベイ小樽には、イオン（イオン北海道株式会社）、ニトリ（株式会社ニトリ）、スーパービバホーム（株式会社LIXILビバ）といった大型店舗がテナントとして出店している。小樽市の人口が減少を続ける中で、同エリアの人口は増加傾向にある。

　この土地は、当初、市立小樽病院が移転新築される予定の土地であった。このような土地への移転新築は地域住民にとってインパクトのあることであり、市立小樽病院の新しい病院の構想に対立しないことを前提として、この跡地をうまく済生会が利用してまちづくりに貢献するという考え方の下、移転計画が決定されるまでの間、各所との調整が行われた。この間、済生会小樽病院では徹底的な地域分析を行い、各施設の今後のあるべき姿を明確にすべく、2009年に10年の長期スパンの基本構想である「北海道済生会基本構想」がまとめられ、新済生会小樽病院基本計画も立てられた（図1 - 9）。近隣の医療機関、高齢者福祉施設、訪問サービス提供施設、小樽市行政に加え、民間企業との連携・協力が明記されている点に特徴があり、その具体的内容として、予防接種、健康診断、健康・栄養教室、介護予防、各種相談等が挙げられている。

　また、基本構想では「北海道済生会における新たな事業価値創造」として図1 -10のよう

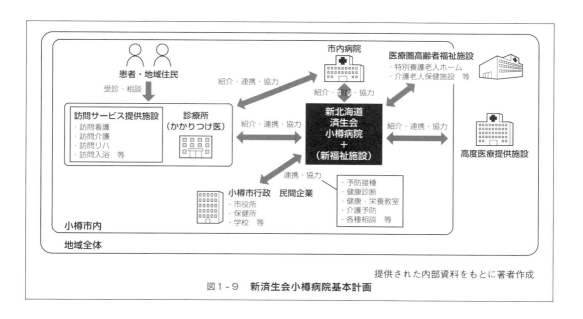

提供された内部資料をもとに著者作成

図1 - 9　新済生会小樽病院基本計画

＜北海道済生会における新たな事業価値創造＞

市民は将来に向け健康と生きがいのある福祉・医療のまちづくりを求めている
・市民意識あるいは、それを反映した上位計画に沿ったまちづくりを目指す
・高齢社会に向け、また市民が市外転出しなくて済むよう、医療福祉の整ったまちづくりを目指す
・高齢社会のモデルとなるようなユニバーサルデザインの地区づくりを図る

地区計画において後志圏の広域的医療や高齢化社会に対応した福祉など医療・福祉関連の生活サービスの機能創出が求められている
・全国規模の公的医療機関である済生会により、小樽・後志圏の医療・福祉の中核となる機能展開を図る
・当初地区計画の中心である商業・交流型に医療・福祉関連サービス業務型の色彩を加えることにより、地区に新たな魅力を付加し、事業の可能性の拡大を図る

企業の社会的責任を果たすために地域・市民へ貢献できるとともに市・地区の安定に寄与できる事業
・正当な企業理念、事業の継続性・安定性を有し、地域へ貢献を続けている複数の事業組織が協力し、市のまちづくりや市民意識の実現に寄与する
・高齢化社会・地域環境に対応できるよう、医療・福祉、エコロジカルエネルギー、公共交通ネットワーク等を結び付け、満足と感動の実現を図る

提供された内部資料をもとに著者作成

図1 -10　北海道済生会における新たな事業価値創造

にまとめられている。地域分析に基づき地域住民や自治体のニーズを明らかにした上で、医療・福祉関連サービスを提供することだけに留まらず、地区計画に整合させつつ新たな魅力を付加することや、地元企業との協力によるまちづくりへの貢献が明記されている点に特徴がある。

　このように、2013年の済生会小樽病院の移転新築は「まちづくり」が1つのテーマとなっていた。その3年後の2016年には、改めて"CSV型まちづくり"という考え方でビジョンが立てられ、2021年現在もその取り組みは継続されている。次節ではその具体的取り組みを紹介する。

3　CSV型まちづくりの具体的な取り組み

　外部機関との連携では、小樽市域内において地震などによる大規模災害が発生した場合に双方の資源を有効に活用し、災害応急対策および、災害復旧対策が円滑に実施されることを目的とした「災害時における支援協力に関する協定」が、2015年にイオン北海道株式会社と社会福祉法人恩賜財団済生会支部北海道済生会の間で締結された。また、2019年には、本部である社会福法人恩賜財団済生会とイオンモール株式会社の間で、双方が拠点を持つ全国の地域で協力して「まちづくり」に貢献していく協定が締結された。この取り組みの一環として、済生会小樽病院、ウイングベイ小樽を運営する小樽ベイシティ開発、主要テナントのイオン小樽店との3者間で、健康増進事業の企画・運営で協力することが合意された。3者間合意に基づき、その具体案としてウイングベイ小樽館内でのウォーキング、健康食品・福祉用具の販売イベントの共催などの計画がなされており、参加者にはイオンの電子マネー「WAON（ワオン）」など、買い物で使えるポイントの付与も現在検討されているところである。2021年現在、この連携はさらに発展し、社会福祉法人北海道済生会が開設主体となり、ウイングベイ小樽館内に介護や児童福祉の拠点となる「済生会ビレッジ」を開設することとなった[9]。済生会小樽病院敷地内の居宅介護支援事業所や地域包括支援センターなどを移転・集約すると共に、児童発達支援や放課後デイサービスも手掛け、障害児を日中預かる機能も持たせる計画である。

　その他の一般企業との連携事例として、済生会小樽病院は患者およびその家族、そして職員や近隣住民の利便性を高めるために、病院と道路を挟んだ土地に飲食店等の誘致を行っている。構想を始めた当初は、この土地が"医療福祉関連サービス業務地区"という地区計画上に指定されていたため、医療福祉サービスに関係した店舗でないと飲食店等を誘致できないという条件がついていた。そこで、済生会小樽病院では小樽市や土地所有者、関係事業者と連携し、車いすでも店内が自由に移動できるようなバリアフリーの店舗設計、高齢者や障がい者優先駐車場を充実させるなど、共同で店舗開発を検討し、コンビニエンスストアと飲食店2店舗を誘致するに至った。飲食店では病院職員が連携して健康志向のメニュー開発をするなどの取り組みも行われている。

　また、済生会小樽病院は地元の特産品の宅配サービスを行う移動販売業者との連携により、地域の課題解決、社会資源の創出に取り組んでいる。移動販売業者は、その販売活動において、やみくもに許可を取りながら販売しても集客が難しいとの課題が存在していた。一方、済生会小樽病院は、地域包括支援センター業務や関連する各事業を通じて様々な住民からの相談を受けており、地区によっては買い物困窮者が存在していることや、介護施設のマンパワー不足により認知症の方の外出機会の確保が難しいといった地域の課題を発見していた。そこで、済生会小樽病院が先導し、買い物困窮者の多い地域を含めて地域のグループホームと連携し、その駐車場に移動販売に来てもらうことで両者の課題を結び付

け、双方の課題解決を図っている。販売エリアの設定を適切に行うことで利用者が増え、結果として移動販売が新たなコミュニティ形成につながる場としての役割も担っている。

4　CSV型まちづくりが生み出す社会的・経済的価値

　これらの具体例は、どれも自治体や地元企業と連携し事業化に至っている。この点について北海道済生会常務理事の櫛引久丸氏は以下のように述べている。

　「元々我々は医療だけのことしか考えられなくてですね、医療機関なものですから。今まではこういうことはほとんど交流がなかったんですね。ただ、医療と福祉のまちづくりをするというテーマを決めてまちづくりを考えた時に、我々の事業を提供するということだけでは中々まちづくりにはつながらないということを実感してきたということです。そのためには、地域の企業と連携して、自分たちの事業だけやっていることがまちづくりだということではなく、もっと地域で地域課題を解決するようなことが必要だろうと考えた時に、地域の他の企業、他の分野の方々と連携することでそれが実現可能だろうということに考え方が変わってきたということですね」

　これらの事業は地域課題の解決という点で社会的価値を生み出しており、地元企業との連携が発展し、その企業の従業員の健診業務を請け負うといった医療機関の収入につながる部分もある。加えて、これらの事業がもたらす院内でのプラスの効果について、櫛引氏は「済生会のファンの増加」と「看護師離職率の低下」を挙げている。前者については、CSV型まちづくりの事業を通して地域住民との顧客接点が作り出され、そのつながりの中から自施設の理念や事業を知ってもらうことができ、社会貢献をしているという姿を見てもらうことで医療機関と地域住民の間に信頼できる長期的な関係が構築され、事業の顧客が患者につながっていくと考えられる。後者については、事業が地域に貢献する、患者さんを中心とした医療を展開するという実践を1つひとつ事業化し、そこに職員が参画することで誇りを持ってもらう仕組みを構築していた。これが仕事の面白さ・やりがい等につながり、従業員満足度の向上に寄与していると考えられる。実際、済生会小樽病院では過去に看護師の離職率が15〜18％という時代もあったが、現在は7〜8％にまで減少している。

　以上のように、済生会小樽病院の地元企業と連携したCSV型まちづくりの取組みは、社会課題の解決と利益創出が両立する健康・医療エコシステムを構築しており、患者、地域住民、従業員、地元企業、自治体といった多様なプレーヤーとのエンゲージメントの向上に寄与している。ただし、こうした事業からは直接的な収益を得られない場合が多いため、事業の継続性を担保するビジネスモデルの構築が不可欠である。

問題 1　医療マーケティングに係る用語で誤っているものを1つ選べ。

[選択肢]

①カスタマージャーニーマップとは、顧客が製品・サービスを購入するまでに至る行動全般を旅(ジャーニー)に見立てて可視化したものである。

②患者体験は、組織の文化によって形成されたすべての相互作用の総和であり、ケアの連続性の中で患者の知覚に影響を与えるものと定義される。

③顧客体験価値とは、製品・サービスを通じて顧客が経験する心理的・感情的な価値のことである。

④ネットにおける購買決定プロセスモデルのAISASは「Attention」「Interest」「Search」「Action」「Satisfaction」の頭文字を並べたものである。

⑤エンゲージメントは、直接、間接を問わず、特定の会社やブランドと関わるその関係の深さを表す。

解答
1

④

解説
1

消費者はまず、その製品・サービスの存在を知り（Attention）、興味をもち（Interest）、ネット上の詳細情報や口コミから情報を検索し（Search）、購買行動に至り（Action）、その後製品・サービスを購入することで得た体験を共有する（Share）という購買決定プロセスを経る。AISASとは、この英単語の頭文字を順に並べたものである。

問題 2

CSR(Corporate social responsibility)および CSV(Creating shared value)について誤っているものを1つ選べ。

[選択肢]

① 2010年11月に、国際規格ISO 26000「社会的責任の手引き」が発行されている。

② 社会問題への責任遂行は企業のみならず、病院、自治体、学校、NPO、消費者などすべての組織に適用される。

③ 社会的責任とは、「組織が法令を遵守して、関係者の意見をよく聞きながら本業活用・本業関連で実践する、社会・環境の持続可能性に貢献するための活動」であり、CSRはこれを企業が推進することを指す。

④ CSVは、企業は利益を上げることで、雇用、賃金、購買、投資、税金を支え、さらに寄付やボランティア、慈善活動によって社会に貢献するというアプローチである。

⑤ 共有価値の創造の方法として「製品と市場を見直す」、「バリューチェーンの生産性を再定義する」、「企業が拠点を置く地域を支援する産業クラスターをつくる」の3つが挙げられる。

解答 2　④

解説 2

CSVは、社会のニーズや問題に取り組むことで社会的価値を創造し、その結果、経済的価値が創造されるというアプローチである。寄付やボランティア、慈善活動は企業活動の周辺に位置づけられるものであり、共有（共通）価値の概念とは異なる。

第2章
医療経営の外部環境分析と非市場戦略

① 医療経営の外部環境の捉え方：分析の視点

1　外部環境を分析するフレームワークの基本形「PEST分析」

　第1章で述べられているとおり、組織にとってマーケティングは重要な経営活動の1つである。その活動は自らの事業が対象としている市場との関わり方を「製品」「価格」「プロモーション」「流通チャネル」を基本形とした視点から探求する手続きであり、サービスや製品を顧客に提供し続ける経営活動の基礎となる。一方で、医療機関の経営活動は診療報酬や、医療・介護関連の各法律改正に大きな影響を受けることから、市場環境以外の外部環境の変化を予測し、その変化に対する対応を常に検討する必要がある。近年、限られた経営資源を有効活用し、必要な地域へ必要なサービスを効率よく提供する必要性から、医療経営にも市場環境を想定した経営活動の重要性が各方面で指摘されている[1]。市場環

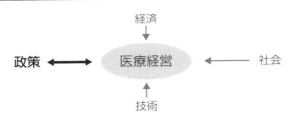

要因	検討項目の例
P：政策	医療・介護関連法の改正、診療報酬改定、各種規制、助成制度
E：経済	国会予算の診療報酬への影響、 物価上昇による医材仕入れ価格の上昇
S：社会	少子高齢化、人口の都市部への移動、競技人口の変化、 健康意識の高まり
T：技術	医療技術革新、新規治療法，医薬品の開発

　PEST が事業に対して与える影響が正か負かを見極め、対応を検討していく組織的機能が必要

※医療経営と政策は相互に影響し合うため双方向になっている（「Column③：医療現場の実践が医療制度に影響を与える」参照）

図2-1　PEST分析と医療経営の分析例

＊1　ここでは、医療の経営環境において競争市場が成立しているかは議論の対象としない。一般に、完全競争市場の成立要件として以下の4点が挙げられる。「①無数の取引主体：消費者と生産者は無数に存在する」「②参入・退出の自由：消費者・生産者が市場に入退出する自由を有する」「③財の同質性：市場で売買される財に差がない」「④情報の完全性：消費者と生産者の間に取引される財に関する情報に「差」がない」。

境を対象として経営活動を検討することは、"非"市場環境を意識することの裏返しでもあり、マーケティングや業界の競争要因分析(後述のファイブフォース分析等)以外の視点からも市場を俯瞰した分析が必要となる。

　市場環境以外の"非"市場環境を考慮した分析するためのフレームワークとして「PEST」がある(図2-1)。「PEST」は外部環境の変化の内、マクロ部分について俯瞰的に把握することを可能にする。「PEST」はそれぞれ、「P」は政治要因 Political、「E」は経済要因 Economic、「S」は社会要因 Social、「T」は技術要因 Technological、と各要因の頭文字である。非市場環境を4つの視点に要因分解し、各要因が自社に与える影響や、その中長期変化が自社に与える影響を俯瞰するために用いられる。事業戦略を立案するに際して、「外部環境の把握」から「戦略立案」へという基本的な経営プロセスの中で、第1段階にあたる分析と言える。

　ここで、「PEST」はあくまでも基本形のフレームワークであり、より効果的な外部環境分析を行うためには、業界や時勢に合わせてフレームワークを変化させる必要がある点に注意されたい。例えば、経営学に関連する書籍では、図2-2のようなバリュエーションが紹介されている。

【基本形】
● PEST：Political、Economic、Social、Technological
　　　　　↓
【バリエーション】
●PESTLE　　　：PEST ＋ 法律要因Legal ＋ 環境要因Environmental
●STEEPLE　　：PESTLE ＋ 倫理要因 Ethical
●STEEPLED　：STEEPLE ＋ 人口要因 Demographics

出典：J Battilana[1)]を基に著者作成

図2-2　外部環境分析における基本形フレームワークとそのバリエーション

　一般にPEST分析は外部環境を評価するために用いられる枠組みであり、その分析結果は、同様に外部環境を加味して分析を行うSWOT分析[*2]やファイブフォース分析へと橋渡しされる。すなわち、フレームワークの要素として考慮した要因が後々の戦略策定に影響を与える。そのため、自らの事業に影響を与える、あるいは影響を与え得る要因については積極的に要素として組み込むべきであることを補足する。

　身近な小売り業における事例を挙げると、2020年7月1日から改正された容器包装リサイクル法[*3]が挙げられる。この法改正に基づき小売業の多くで"レジ袋有料義務化"が

---

*2　事業上の競合や市場環境について、外部環境や内部環境を強み(Strengths)、弱み(Weakness)、機会(Opportunity)、脅威(Threat)の4つのカテゴリーに分類する分析手法
*3　2019年国連サミットや同年G20の議論の影響により高まりを見せている海洋プラスチックごみ対策アクションプランに基づき改正。

実施され、プラスチック製買物袋の過剰使用の抑制、あるいは環境性能が認められた袋の普及を促進することとなった。この取り組みによって、小売業の経営者は袋の価格設定や店舗オペレーション変更、自社ショッピングバッグの商品企画開発などの費用追加等、様々な経営判断に基づく対応をとることが予想される。そのため、本事例の場合は「PEST」のみでなく、「PESTLE」まで踏み込んで外部環境を解釈するのが妥当であると考えられる。親近感のある事例として、本例を取り上げたが、同文脈で考えると発電事業やエネルギーインフラ事業において気候変動や排水などの環境要因、それに伴うや法律要因は見過ごすことのできない要因であり、その変化が事業に与える影響が大であることは想像しやすいであろう。つまり、こうした事業の場合はPESTの基本形以外の要素を漏れなく視点に加える事が重要なのである。

2 「PESTLE」分析ほかバリュエーションの積極的活用

医療経営や介護経営も例に漏れず外部環境の影響を受ける事業である。先のフレームワークとの関連でいうと、診療報酬や介護報酬の改定の手続きが議論の中心となっており、PEST分析が行われてきた。しかし、後章でも触れるように、日本は国際的にも注目を浴びる少子高齢化と人口減少を同時に伴う変化を迎えており、その変化に対応するよう政策として様々な対応が提案され、併せて各種の法整備も行われている。内閣府Society5.0が描く経済発展と社会的課題の解決の両立において、医療分野でもIoT普及による生活支援やAI技術によるリアルタイム診断が構想されていたり、気候変動や災害への対応も構想されていたりするため、技術要因や環境要因の変化と、その根拠となる法律体系が密接にそれぞれ関わっており、各要因は相互に影響し合うため独立した事象ではないことに注意が必要である[2]。

従来は社会要因として包含されてきたトピックが、事業の方針を議論する際の根幹にある場合は、整理される情報の粒度を上げPESTLE分析のようなバリュエーションを積極的にとることが推奨される。これは、自らが対象とする事業が、社会や地域住民を含めた外部環境とどのように関わっていくかを検討する作業でもあり、どのように影響を与えていくかを明示的にすることでもある。

❷ 非市場戦略、企業による政治的活動

1 市場戦略と非市場戦略の違い

　社会の変化は、従来まで存在しなかった新たなビジネスやサービスを創出する。近年では、国外で見られる配車アプリや住宅宿泊等のシェアリングエコノミー関連サービスや、ブロックチェーンなどのフィンテック、およびその提供基盤となるSNSがその代表である。これらは、いわば従来の法体系からは外れたサービスであり、ローンチ（立ち上げ）の段階ではルールが存在しないことが多い。したがって、制度づくりに介入しない場合、後からできたルールによって排除され得るというリスクがある。そのため、このような各企業はスタートアップの段階で、市民や社会、時には政府等の中央に働きかける活動を行い、社会的に承認されるための制度やルールなどの事業環境を構築しようという動きが広がりを見せつつある[*4]。

　重要な点は、企業や組織を単位として、政府や社会へ働きかける機能を確保した上で戦略的に実行することである。この活動の指針となる戦略のことを「非市場戦略non-market strategy」といい、企業が政府・公的機関に働きかけ、制度そのものをマネジメントしようとする戦略である。この非市場戦略は、経営学や制度理論における学術的関心としては古くから高く、近年、再び着目されている分野である。非市場戦略論において広く引用されるBaronの論文[3]では「戦略的マネジメントは市場戦略と非市場戦略を有効に組み合わせながら、双方を包含しなければならない」と主張している。この概念は広く浸透しており、先に触れたような新興市場における事業の優位性を確保するためには重要な戦略である。

　ここで、非市場戦略についての理解を助けるために、市場戦略と非市場戦略の違いについて述べる。一般的な「市場戦略」を立案する際には、競合や業界全体、顧客などの市場環境を分析した上で、いかに競争に勝ちながら、自社の商品やサービスを顧客に提供するかを目的とする。これに対し、戦略的意図を持って社会や周囲のステークホルダーに働きかけて、対象としているビジネスに有利な法律やルールなどの事業環境を創り出そうというのが、非市場戦略である（図2-3）。

[*4] 　内閣府「子ども・子育て会議」[12]にて委員を務める駒崎氏（NPO法人フローレンス代表理事）等が事例として取り上げられることが多い。

	市場戦略	非市場戦略
市場環境の前提	競争のための市場やルールや制度が既に存在する	競争のための市場やルールや制度が存在しない
目的	自社の商品やサービスを顧客により多く提供するために、ポジショニングや競争に対する戦略を練ること	戦略的にステークホルダーに働きかけ、自らの事業に有利な法律やルールなどの事業環境を作り出すこと
利害関係者	主に顧客、競合他社、取引先・サプライヤー	政府・政治から、メディア、一般市民、NGO/NPOなどの活動団体に至る幅広い
分析の視点	3C（Customer 顧客、Competitor 競合、Company 自社）の視点で分析を行う	4I（Issue 論点、Interest 利害関係者、Institute 規制主体、Information 情報）の視点で分析を行う

出典：Baron[3]を基に著者作成

図2-3　**市場戦略と非市場戦略の違い**

2　非市場戦略の有効事例

　非市場戦略が有効な例として、既存事業を国外へ新たに展開したい企業を想定する。新興国などで医療機器の中古販売や取引に関する法規制が未整備、あるいは存在しない場合が往々にしてあり得るが、市場戦略のみではこういった未整備な市場は事業の対象とならないことが多い。この場合、制度や法などの市場ルールが形成されるのを待っている間に他国の企業などに先を越されてしまい競争に負けるなどビジネスの機会を逸してしまう。このような損失を予防するために、市場が形成される前段階から対象地域のステークホルダーなどとの議論を通じて、行政や規制主体に対して、むしろ良い制度設計を提案することで、対象地域にとって有益な環境をスムーズに構築できるだけでなく、自社にとっても進出の障壁を下げながら有利な環境を構築することが可能となる。事業を未開拓市場で展開する前段階のリサーチで、法規制に関する整備が必要であると認識した場合、政府や関連団体に働きかけを行い、仕組み作りを行う必要がある。また、このプロセスで有効な制度の在り方を検討したり、働きかける組織や団体を選定したり、戦略的に事業を展開していくことこそが非市場戦略である。

❸ 医療と非市場戦略

　近年、わが国の診療報酬において、オンライン診療や遠隔読影といったこれまで診療報酬点数表にはなかった項目が収載される機会が増えてきた。このような診療行為等が新規に診療報酬に掲載される場合の算定要件や施設基準を設定する場合、行政や審議会が医療機関で既に実践されている有効な事例を参照するケースが少なくない。また、企業においても新薬や新たな機器の有効性や安全性について、省庁・関連学会との対話や情報提供を重ねながら、保険収載を目指す活動は一般的に行われている。これらを鑑みると、日本の診療報酬制度は行政府がトップダウン的に決定する仕組みになっているのではなく、医療機関や企業から情報提供等の対話をもとに素案が作成され、中央社会保険医療協議会（中医協）などで議論の上、具体的な点数や算定要件などのルールが定められることがあり、これまでの歴史上においてもいくつか同じようなケースが見られている。

1 　有効な経営環境の構築と医療制度適正化への貢献

　重要な点は、当然ではあるが、医療機関や企業の活動と診療報酬等の医療制度が、互いに独立した関係ではなく、相互に関連し合うということである。大手の製薬企業などでは、行政に対する新薬の薬価交渉などを専門に行う部署（ガバメント・リレーションズ、GR：Government Relations 等の名称）を設け、官民連携戦略を実施している。医療機関においては、明示的にGRのような組織を設けるところは多くはないが、同様の活動を行い診療報酬制度の適正化に貢献している医療法人が少なからず存在している。これらは、企業や医療機関が非市場戦略を有効に活用することで、自らに有利な経営環境を構築することと医療制度の適正化へ貢献すること、の双方が両立可能であることを意味している。

　国外の薬価政策に関する意思決定では、新薬承認や薬価決定プロセスにおいて、患者団体（Patient Advocacy Groups）の関与を積極的に取り入れる動向が見られる。イギリスやフランス、ドイツなど医療技術評価（HTA：Health Technology Assessment）を政策に取り入れている国では、その評価と意思決定の場に患者の意見を取り入れている動きが見られる。特にフランスのHTA機関は「ユーザーエンゲージメントのための評議会」を創設する意向を2018年12月に発表している。このように患者団体と企業、医療現場の専門家が積極的に制度決定に関与する仕組みによって、拾い上げたニーズを適切に評価し、制度に

反映させようという動きは各国へ拡大していくものと見られている[4]。

　筆者は、近年の社会保障費膨張を背景とした診療報酬適正化の潮流を見通すと、制度改定を行政府のみに委ねるのではなく、医療機関・企業などの利害関係者が互いに共存し、あるべき姿を議論することが必要な時代になると考えている。非市場戦略はこのような議論において、医療機関や企業は、どのような機能を組織に有し、どのような視点で、どのような利害関係者を巻き込むべきか等の点において、我々に有効なヒントを提供している。

　本章では、経営学における非市場戦略の概念を中心に、医療経営に応用可能な事例に加え、さらに、非市場戦略の理論や具体的な戦略を実践してきた医療機関の事例を紹介する。

Column②フレームワークと経営理論

　ビジネススクールやMBAカリキュラムでは、フレームワークを活用した分析手法を講義で学ぶ機会がある。これらは経営上の意思決定を行う際の「何故（根拠）」「何を（対象）」「どのように（手段）」を可視化し、事業のビジョンを明確にする際の思考を整理する上で有用である。しかし、学習者はこうしたフレームワークそのものが経営理論ではないこと、また、フレームワークのすべてが必ずしも経営理論に基づいているわけではないことに注意されたい。

　入山はフレームワークを「経営理論に基づかないフレームワーク」と「経営理論に基づくフレームワーク」に分類している[5]。前者は、"SWOT分析"[*5]等が広く知られ、主に事業環境の整理や分類を目的としている。これらは実務家の経験によって生み出されたものであるため、分析者の主観を完全に排除できず、分析結果に科学的な根拠を示す能力としては限定的である（社内外の利害関係者が意思決定プロセスに対して腹落ちすることが主目的とされることが多いため、理論を伴うかは実務上重要でないことが多いという事実の裏返しでもある）。

　一方で、後者は"ファイブフォース分析"、"VRIO分析"等が知られており、フレームワーク化には経営理論が落とし込まれている。例えばファイブフォースは「規模の経済Economics of Scale」や「完全競争Perfect Competition」等の経済学理論が裏打ちしているため、なぜ業界を5つの視点で分類するかが明確である。一方で、分類することの意義を理解し、分析結果の根拠と合わせて説明されないとフレームワークの意義は損なわれてしまい、理論的背景を伴わず根拠の乏しい結論となってしまいがちである。戦略策定に関する分析を実施する担当者は、フレームワークを使うだけではなく、根拠や意義を明確にした上で活用するよう留意する必要がある。

[*5]　経営理論に基づかないフレームワークの代表例として、SWOT分析、BCGマトリックス、ブルーオーシャン戦略が、経営理論に基づくフレームワークの代表例として、ファイブフォース分析、ジェネリック戦略、VRIO分析がそれぞれ挙げられている。個別のフレームワークの詳細については多くの成書で説明されているため、本章では割愛する。

4 経営戦略の同質化

1 経営の同質化をもたらす3つの外部環境圧力

　企業の目的の1つに「利潤の追求」がある。これは企業の営利活動や利益最大化を正当化する文脈で用いられることが多い。一方、ピーター・F・ドラッカーは「利益」とは何かという問いに対して、「利益をあげることは公益にかなうことである。公益にかなう活動を行う組織を、利益が存続させる。利益が雇用を維持し、社会資本を形成する」と述べており、利益は「目的」ではなく組織存続の「条件」であり、企業は存続の社会的役割や目的こそが重要であると述べている[6]。このような背景から、企業の経営行動はしばしば利潤追求や合理性よりも「社会的な正当性」を優先する。

　この「社会的な正当性」とは、公益に資する役割以外にも、業界の「慣習」「暗黙ルール」等が具体例として挙げられる。これらは業界の企業の経営行動を似たものにすることが知られており、この過程は「経営戦略の同質化」と呼ばれる。時に企業が生産するサービスや製品の偏りをなくし公平性を保つが、その一方で企業の差別化を困難にしてしまう。同質な企業集団による競争は同じターゲットである顧客の奪い合いとなり非効率な市場形成につながってしまい、企業はこの同質化へ向かう性質と上手に付き合いながら経営行動を決めていく必要がある。

　この同質化の多くは外部環境からの圧力によってもたらされる。その圧力は、以下の3種類が挙げられる。

　　①強制的圧力：政策や法律などの規制による圧力のこと
　　②模倣的圧力：みんながやっているから自分も、という同調圧力
　　③規範的圧力：先行事例が規範となってしまい、それが標準になってしまう圧力

　これらは法や政令に基づく強制力を伴うものと、業界内の暗黙の標準たるものとに大別できる。前者は従わざるを得ないが、後者については、企業は自社の業績や市場において合理的であるかを考慮する必要がある。すなわち、従来の「常識」と思われている圧力と対話しながら、オペレーションの合理化や新たな新規事業の立案が企業の成長につながる。

　ここまでは経営学や社会学における企業の同質化とその理由となる外的圧力についての整理であるが、ここからは医療経営に投影させながら考えていく。

2　同質化傾向がより強い医療経営

　医療経営においては「強制的圧力」に該当するのは医療法や医師法のように法人運営や職種として各専門職が従事するために従うべきものと、診療報酬のようにサービスの提供範囲や提供方法について規制を設けながらも、専門職の自律に基づきある程度の選択性を有するものとに分けられる。

　前者については、1985年の第1次医療法改正によって定められた基準病床前の「駆け込み増床」のようにリソースの確保にも規制は影響を与え得るし、後者については当然ながら自らの医療経営戦略や診療方針と照らし合わせながら対応することが可能な圧力であることが見て取れる。

　また、「模倣的圧力」「規範的圧力」については、他の医療機関の取り組みや「診療報酬への対応」等を参考にして、オペレーション体制を整備する等が現実によく行われているが、これらのほとんどは「算定要件」「施設基準」等で規定されている必要な人員配置基準や導入する機器の規格などを共有することがほとんどであることから、医療経営については政策や法律等によって規定され同質化していく性質がより強いということが分かる。

　これらのことから、医療経営において外部環境への対応を考える場合には短期的には「診療報酬への対応」が必要であることが当然に指摘されるが、診療報酬とそれに対する医療機関の対応とには相互に作用し得ることを念頭に入れなければならない。近年、その特性が見られる事例が散見されるが、その代表として2018年度診療報酬改定において創設され、その後廃止となった「妊婦加算」を例示し、これが医療機関経営や制度に与えた影響を次節で述べる。

Column③医療現場の実践が医療制度に影響を与える

　我が国における診療報酬制度は2年に1度改定される。この改定は、予算総額については国会予算審議の制約を受けるが、各診療行為や加算に対する配分は中央社会保険医療協議会(所謂、中医協)で議論される。新設される項目についてはゼロベースで議論がスタートするものよりも、医療機関で既に取り組まれており、有効性や効率性が確認されているものをモデルケースとして議論が行われる。

　例えば、高知県高知市にある社会医療法人近森会(近森正幸病院長)の取り組みが診療報酬のモデルとなった事例が広く知られている。近森会が1989年に開設した近森リハビリテーション病院の取り組みは2000年に新設された回復期リハビリテーション病棟のモデルになった[7]。さらに、近森病院が実施していた専門的知識を有した多職種からなるチームによる栄養管理が、介護保険や2010年度新設の栄養サポートチーム(NST：Nutrition Support Team)加算のモデルになった事例も知られている[8]。

　こうした事例のように、医療機関の取り組みが政策に対する改善提案のモデルとして採用されることもある。したがって、医療機関と政策との関連を組織的に実行する非市場戦略の役割は、医療経営のみではなく国内の医療制度にとっても重要である。筆者は、医療経営は制度に対して受動的に"対応"するだけでなく、非市場戦略の一環として、患者アウトカムや医療現場にとって価値のある診療体制を提案することが、医療機関の社会的役割を高める活動であると考えている。

⑤ 制度事例：妊婦加算の創設と廃止

1　妊婦加算導入の背景

　2017年5月に日本産婦人科医会と日本産婦人科学会は合同で、厚生労働省へ「妊娠の偶発合併症における初・再診料での指導管理加算の新設」についての要望書を提出した。妊婦や胎児への影響を考慮した診療は、一般的に軽症疾患・傷病においても処置や検査などの手段に慎重な対応が必要であるが、産科を診療科に持たない医療機関には妊婦への診療に対して積極的でない医療機関が存在すると指摘されていた背景がある。

　このような背景には、妊婦に対する診療には患者との密なインフォームドコンセントや、これに基づく医薬品や検査の選択など、専門的知識を要する労働コストが発生する一方で、医療機関にインセンティブがないことが原因として挙げられていた。仮に、妊婦を診療しない医療機関が発生した場合、第1に妊婦の医療に対するアクセシビリティが悪化してしまい、受診の機会を保障することが困難になってしまう。第2に軽症疾患の妊婦が産科・産婦人科の医療機関に集中してしまい、平時より医師が不足している同科での医療提供のひっ迫につながってしまう。このように被保険者たる国民に対して妊婦や胎児の受診機会の確保、医療提供側には産科産婦人科への負担増を予防する目的で、2018年度診療報酬改定において「妊婦加算」が新設された。妊婦に対して初診または再診を行った場合に、初診料（282点）、再診料（72点）に対してそれぞれ75点、38点を加算するものとなった。さらに、時間外／休日／深夜における診療の場合は、初診で200／365／695点、再診で135／260／590点が加算されると設定された。

2　妊婦加算凍結・廃止への過程

　妊婦加算が導入された初年度の2018年9月頃から「SNSで妊婦加算に関する投稿が拡散されている」という報道が取り上げられるようになる。この発端となったのが窓口で会計を変更された患者によるツイートである。このケースの真偽はここでは問わないが、仮に真だとした場合に、医療機関側は妊婦であることを認識していない中で医療提供を行ったにも関わらず、窓口でのコミュニケーション等により妊婦であることが判明し「妊婦であること」に対して加算が発生したこととなる。その他にもコンタクトレンズに対する加

算請求、処方や検査を伴わない加算請求などに対する疑問が相次ぎ、「妊婦税のようだ」と表現する報道が出るまでに至り、少子化と逆行する施策であるとして批判され、導入の背景となった妊婦の受診機会確保という根本的な目的については伝わるケースは少なかった。こうした情勢から、与党会議において妊婦加算についての議論が行われ、2018年12月13日に妊婦加算の凍結措置がとられることが決定した。2019年1月から凍結、2020年度の診療報酬改定時に廃止された。なお、中医協の決定が政治判断、特に世論によって凍結・廃止されることは極めて異例である。

3 現場の医師による評価とその後の結果

　それでは、妊婦加算は不必要な制度であったのだろうか。加算が凍結されていた当時、医師を対象に実施されたアンケート調査によると、「廃止やむなし」と回答する医師は19.9％であった。一方で、医師の50.9％は「適切な患者に算定できるようにすべきであるが、算定要件の厳格化・明確化」、15.9％は「点数はそのまま、不適切な請求はレセプト審査で査定」という回答であった[9]。このことから、医療提供者側には、本来の目的を鑑みて加算は必要であるものの、「算定要件の明確化・厳格化」を求める意見が多かったことが伺える。すなわち、不適切利用を規制すべく制度デザインを改良すべきと提言する意見が多かったのである。

　その後の結果として、妊婦加算の凍結を受けて厚生労働省は「妊産婦に対する保健・医療体制の在り方に関する検討会」を設置し、この妊婦加算も含めた妊産婦への医療提供体制の在り方について議論する協議体を設けた。その後、前述のとおり妊婦加算自体は廃止されるが、2020年度診療報酬改定においては、紹介先の医療機関が紹介元の医療機関に情報提供する場合に評価される「診療情報提供料Ⅲ」が新設された。しかし、この制度は妊産婦に限らずすべての患者を対象としており、2017年に提出された要望書に含まれていた妊婦への受診機会確保という目的に対する直接的な対応ではない。また、医療機関側のインセンティブ構造を考えると、診療よりも紹介に対して動機付けが行われる可能性があり、産科・産婦人科への受診集中が予防されるかについては疑問である。なお、最も重要な指摘として、元来より妊婦への配慮を行いながら慎重に診療を行ってきた医療機関に対する評価が無くなってしまったことについても触れられるべきである。

4 妊婦加算廃止から見る教訓

　この妊婦加算の事例は、医療経営と診療報酬制度の間にあるいくつかの性質を顕著に表している。第1に、医療経営における社会的な正当性は診療報酬に基づくことが多い。「とれるものを確実にとる」という言葉がよく聞かれるが、診療報酬を正確に解釈し、範囲内

で算定可能なものを取りこぼすことなく請求することは、医療経営上において不可欠な手続きである。一方で、今回の不適切利用例のように実際には提供していないサービスに対して請求してしまう危険性を含んでいることも理解する必要がある。第2に、医療機関の経営行動が行政に届きやすくなっており、制度にダイナミックな影響を与えやすくなっている点である。本事例では、いくつかの医療機関の不適切利用例が1年と経たずに報道で取り上げられ、制度の凍結にまで至った。これはSNSの発展だけではなく、報道の在り方や、世論の保健医療制度に対する関心など様々な要因を含んでいる。そのため、制度廃止に至った理由をただ単に1つ挙げることは困難であるが、医療機関と患者間の請求プロセスが発端となり制度が無くなってしまい、医療機関の収入が減ってしまったことは1つの事実である。第3に、要件厳格化のような規制強化を求める動きがあった点である。一般的な企業は自由度の高い戦略や効率化を求めるために規制緩和を働きかけるが、本事例ではアンケート調査結果のように規制の強化を望む医師の意見が多かった点で規制の在り方を臨床側から行政側に提案していた事例として見ることができる。

　本加算制度は、医療提供側である各医学会の要望を起点とした議論の末設定された制度であり、医療機関の振る舞いによって凍結・廃止が検討され、その改善案について医療現場からの提案がなされた。これらの経緯を踏まえると、診療報酬をはじめとする医療制度、すなわち先にふれた「強制的圧力」は単に従うものではなく、その在り方を検討する際に医療現場と制度設計側が共同でデザインを検討していくものであることが分かる。本事例の場合は、結果として制度の廃止によって妊産婦を診療している医療機関への加算がなくなり、機会損失を*6招いてしまった可能性が大きい。このことを鑑みると、より良い制度を行政府と議論することは、経営努力を行っている医療機関の評価を担保することに加え、患者にとって便益のある医療提供体制を保護することにもつながる。

---

*6　「本来得られたはずの利益」を得られなかった場合、その利益を失ってしまったと考えることにより損失とすること。

6 専門分野による加算制度の捉え方の違い

1 妊婦加算が可視化した医療経営と医療制度との関係性

　筆者は、本事例の論点を整理することは、医療経営と医療制度との関係を可視化することにつながると考えており、経済学部・経営学部・公共政策学部での講義、および医療経営人材を育成する社会人大学院の講義等でディスカッションテーマとして取り上げてきた。「妊婦加算における課題は何だったか」というテーマを基に議論したところ、個々人の専門性によって医療制度に関する捉え方が異なることが観察された。

　図2-4は、各議論のまとめとして提出されたレポートを、回答者の専門を「経済学」「経

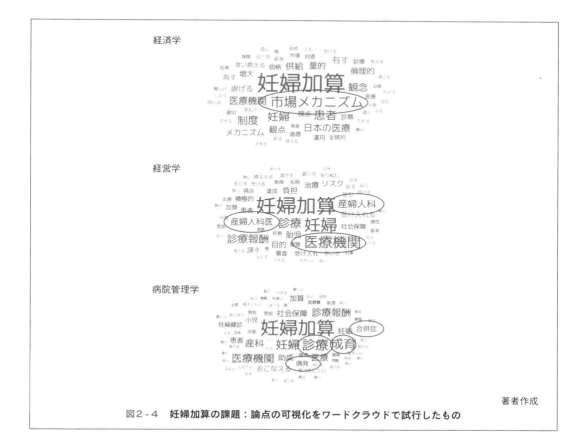

著者作成

図2-4　妊婦加算の課題：論点の可視化をワードクラウドで試行したもの

営学」「病院管理学」と3つに分類した後に、ワードクラウドにまとめ可視化したものである。ワードクラウド内では、出現頻度の高い単語ほど大きなフォントサイズで表されている(そのため、「妊婦加算」という単語が大きくなる)。

「経済学」を背景に持つ回答者は、本制度の課題を"市場"や"日本の医療"等、マクロな視点として捉えていることがわかる。一方で、「経営学」を背景に持つ回答者のワードクラウドでは、"妊婦""医療機関"という単語が目立つとともに、"産婦人科"や"産婦人科医"等の単語が見られる特徴がある。これは経営活動の中で、人材採用や雇用流動性に与える影響について特に言及されたためであると考えられる。最後に「医療管理学」では、"妊婦""診療""成育"という単語が目立つ共に、"合併症""偶発"といった患者個人に与える影響についての単語が見られる。該当する回答者には医師や医療従事者が多いことから、患者に与える影響についての言及が多かったことが挙げられる。

2 行政府・医療機関・患者それぞれの視点からの検証

このように専門領域の違いによって市場→医療機関→患者個人と異なる視点があった。つまり、1つの制度について検討する際には、視点によって対象とする範囲がマクロ・ミクロと異なる。行政府、医療機関、患者のそれぞれ"三方良し"となる制度の在り方について議論する際には、それぞれの視点から議論する必要があることも本事例からわかることである。

❼ 非市場戦略

　話題を一般的な経営学に戻し、企業や組織の外部環境の捉え方について触れていく。現実では、完全競争が成立しにくく、さらに自由経済ではないことは広く知られている。企業の経済活動は先に触れたような様々な圧力の影響を受け、単に市場における自由取引のみによって需要と供給、その価格が決定されるわけではないからである。特に医療においては、診療報酬に収載されるか否かでサービスの"範囲"が決定され、その算定要件でサービスの"対象"が決定される。さらに、施設基準や人員配置基準によって"質"が管理され、点数の設定によって"価格"が決定される。原則としては開業自由原則やフリーアクセスであることから、自由経済の原理が働く部分はあるが、基本的には統制経済の中でサービスの需要と供給のマッチングが行われており、非市場原理が大きく作用する業界である。

1　高まる非市場要因に対する組織的戦略の必要性

　近年、経済や経営だけでなく、公共政策等の非市場要因にどのように対峙すべきかを戦略的に企画する非市場戦略に対する注目度が高まっている。非市場要因とは法や制度に始まり、税や安全規制、社会運動、業界の暗黙ルールなど様々な市場を超えた問題のことであり、組織がこれらの"市場外"の事柄へ対応する戦略のことを非市場戦略という。これは特にスタートアップ等の黎明期にある事業や、新たなサービスにとって特に重要である。これらは規制や業界団体からの圧力等の非市場要因を理由に、市場からの撤退を余儀なくされるリスクが高いからである。したがって、組織的にこのような非市場要因に対する対応を戦略として検討する必要がある。よく知られた例としてタクシー配車サービスのUberや、空き部屋を短期旅行へレンタルするAirbnbがあるが、双方とも世界各地でその地域の法規制や業界団体と戦い、旅館業法や道路運送法などの規制緩和の調整を働きかけてきた。いわば、新たなサービスは多くの国・地域で法のグレーゾーンに当たるが、その中で事業を展開しながら実績を積み重ね、その実績を基にロビー活動を積極的に展開し、規制当局と交渉を重ね、世論を醸成したプロセスである。

　非市場戦略は、交渉などの具体的活動以外にも採用などの人事戦略にも当てはめられる。Facebookは仮想通貨取引や知財分野強化の中で、行政府のキーパーソンであった人材の採用を進めている。また、フリマアプリで知られるメルカリはGR活動（GR：Government

Relations)によって「政府との包括的なコミュニケーション」を強化し、法令上に疑義が生じる際は業界団体として所管官庁に照会できるような体制を得ている。その他、製薬企業は新薬開発や薬価についての情報収集を主に担当する部署を整備し、新薬の承認や薬価収載時の円滑な活動へと繋げている。

　日本では、非市場戦略はロビーイングや賄賂と同義と見なされることが多く、あまり好まれないといわれている。しかし実際のところ、経営学において非市場戦略は必ずしもロビー活動だけのことを意味するものではない。具体的には、政治的活動(CPA：Corporate Political Activity)として、「ロビー活動」「ガバメント・リレーションズ」「パブリック・アドボカシー」の3つに分けられるように、政治的な働きかけを通じて、自組織に有利な制度環境を構築する活動のことである(図2-5)。

CPA の分類	活動例
ロビー活動	政策や法、規制に直接影響を与えようとする活動
ガバメント・リレーションズ	政府との日常的あるいは必要に応じたコミュニケーション活動
パブリック・アドボカシー	政策や法案に間接的に影響を与えるため世論の支持を得る活動

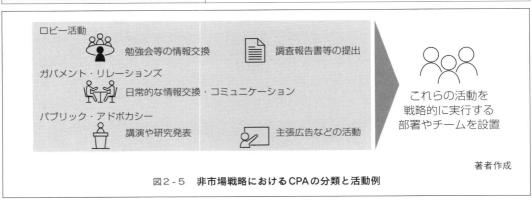

図2-5　非市場戦略におけるCPAの分類と活動例

　政府や官庁が発信する政策に関する情報やデータを迅速に収集し業界の見通しを立てる活動も非市場戦略の一環であり、また、これらを専門に行う部署を設置することも同様に非市場戦略に該当するといえる。法規制が必要な事例を集めながら講演活動などを通じ、公共に対して政策の在り方を提唱する活動も非市場戦略の1つであるといえる。

2　インスティテューショナル・アントレプレナーの養成

　これまで述べてきた非市場戦略の実行により、社会に存在しなかったルールを明示的に作成することをインスティテューショナル・チェンジ(Institutional Change)と呼び、そ

の中で重要な役割を果たす人材やチームのことをインスティテューショナル・アントレプレナー（Institutional Entrepreneur）と呼ぶ。ベンチャーや新規事業など、これまでの社会に存在しなかった新たなサービスを開発し、法や規制の在り方を行政府と共創していく取り組みが重要視されている現在において、このインスティテューショナル・アントレプレナーの養成は組織にとって事業を成功に導くための大きなファクターになり得ることから注目を浴びている。

　医療においても新たな技術が登場している近年において、その利便性や便益から医療保険に収載される事例が続いている。オンライン診療（遠隔診療）や介護・リハビリロボットの保険収載が例として挙げられるが、従来の診療やリハビリ、介護との住み分けや質を担保する際に算定要件の設定等に際して、すでに実装している組織の役割はまさにインスティテューショナル・アントレプレナーであったということができ、法制度を共創していく活動は非市場戦略であった。

Column④非市場戦略論におけるCSRとCPA

　本文中で述べたとおり、企業における非市場戦略に関する学術的研究は40年以上前から行われており、近年その成熟が見られる。これらの戦略に関する研究は主に2つの文脈が独立の起源をもち、後に統合されている。1つは企業の「社会的責任（以下、CSR）」、もう1つは企業の「政治的活動（以下、CPA）」という文脈である。

　戦略的CSRは、環境問題への取り組みや福祉活動などといったように、会社が社会的な「善」を前進させるように見える企業行動を指す（McWilliams & Siegel、2001；McWilliams、Siegel、& Wright、2006）。一方、CPAは会社に有利な方法で政治的な制度を管理するために企業の試み、および影響を及ぼす政治的アクティビティである（Hillmanら、2004年；Luxら、2011年）。これらを分けて理解することは、非市場戦略を具体的な戦術に落とし込む際に、戦略が持つ社会的側面と政治的側面の双方を整理する上で重要である。これらの分類や重複については、Mellahi（2016）において詳説されている。

非市場環境を分析する4つのI

　最後に非市場環境を俯瞰するためのフレームワークについて説明する。フレームワークを出発点に、非市場環境を「論点」「利害関係者」「規制主体」「情報」の観点（**表2-1**）から特徴付け整理を行うことで、非市場環境の俯瞰が可能となる[3)10)]。

表2-1　**非市場環境の分析視点としての4つの"I"**

分析視点	内容
Issues（論点）	対象として取り上げる社会課題やテーマ、具体的なサービス
Interests（利害関係者）	論点に対して関わっている企業や業界団体、研究機関等の利害関係者
Institutions（規制主体）	ルールや規制を規定する主体
Information（情報）	得たい情報、あるいは提供したい情報

出典：Voinea, C. L., & Van Kranenburg, H [10)] を基に著者作成

　これらの視点から、対象とする課題認識、利害関係者の把握、規制の提案や実行を行い、また課題があれば課題認識から始めるというサイクルが重要であるとされている。特に、利害関係者を把握するだけではなく、いかに巻き込んでいくかというプロセスが重要である。一企業や個人の事例だけではなく、制度や業界団体、世論形成までは得にくく、同様の課題を認識している組織や、同様の取り組みを行っている組織が団体として活動することによって、非市場戦略の実行がより有効なものになると考えられる。また、ルールを作る際は少数の意見が反映されることになるであろうが、ルールの普及段階においては、そのユーザーから広く声を上げ改善活動につなげることが重要である。

　医療においては、制度の創設時はもちろん普及時においても、院外の様々な利害関係者と情報を共有し、新たなルールについて提案することが重要になってくると考えられる。さらに、その旗振り役を担うインスティテューショナル・アントレプレナーの育成は医療経営に貢献するだけでなく、患者にとっての療養環境整備や医療費適正化において重要な役割を果たす人材として期待が高まっていくものと考えられる。医療機関においては、行政府を中心とした政策の動向に関わる情報を広く収集しながら、政策を先取りし社会に提案していく等、非市場戦略を有効に活用する経営が期待される。

Column⑤メルク社による医薬品の価格統制ケース

　ドイツに拠点を置くメルク社（Merck、北米ではEMD Chemicals）における1990年代初頭の経営戦略は、長期的に見ると健全な公共政策であり、有効な非市場戦略であると紹介される[11]。ここでは、ケースとして薬価が低いことを好む被保険者と、薬価が高くなることで新薬の研究開発のためのインセンティブと投資資金が得られる企業側との間に生じるトレードオフに焦点を当てた価格政策に対する非市場戦略を挙げる。

　メルク社の会長兼CEOであるRoy Vagelos氏は「もし費用対効果が価格決定の最終的な判断基準になるとしたら、ほとんどの医薬品の価格は現在よりもはるかに高くなることが正当化されるでしょう」と述べている。しかし、メルク社は利権団体や政府が巨額の財政赤字を抱えている非市場環境を十分に把握し、新薬の開発が必ずしも高価な薬価収載に直結せず、費用対効果以外の非市場要因を価格決定要因として認識する必要があることを理解していた。

　メルク社の中核戦略には、市場戦略としての「新薬開発へ向けた研究開発費の投入」、非市場戦略としての「国民の信頼や期待を開発・醸成し、それを維持すること」が含まれていた。さらに、もう1つの非市場戦略の中核は、国外へ施設を設置し、薬価交渉での優位性を高めることであった。なぜならば、ほとんどの国では薬価規制されており、製薬企業はほぼすべての国で薬価規制の問題に取り組む必要がある。実際、メルク社は日本にも研究施設を置き、ブラジルに合弁会社を設立することを選択した。これは、各国で規制や価格設定制度に関する情報や規制の意思決定主体に対してのアクセスを容易にするためでもある。

　もう1つの中核的な非市場戦略は、既存の医薬品の価格における加重平均ベースでインフレ率を超えた上昇を期待しないことを企業側があえて公言し、価格上昇を抑制するというメルク社の方針であった。メルク社は1990年、政府の医薬品支出を削減するための法案が議会で議論されている最中に、この方針を発表した。具体的には、メルク社は「米国のインフレ率の範囲内で将来の薬価上昇を抑え、安定した市場環境とイノベーションを支援する政府の政策を考慮し、年1回ほどの価格交渉にとどめることを表明した。

　このような政府の財政状況や動向を考慮にいれながら、非市場環境とコミュニケーションをとる活動は、非市場戦略の一環であると見られ、今日では様々な企業に見られる活動である。自社の利益以外に非市場環境にあたる政府のサステナビリティを戦略の視点に加えているのが、市場戦略との大きな違いである。その他、非市場戦略の例としては、メルク社がフォーミュラリー*7承認と引き換えに医薬品の値引きを承

認した例がある。米国において一般の製薬企業は、例えば大口の購入者等にはディスカウントを提供していたが、メディケイドプログラムには提供していなかった。しかし、メルク社はディスカウントプログラムをメディケイドプログラムにも提供した（退役軍人管理局と同じ割引率を用いた）。これと引き換えに、メルク社は、これらのプログラムで使用することを根拠に、メルク社の医薬品の使用資格の拡大（フォーミュラリー承認）を求めた。メルク社の申し出は、医療費の削減などを背景にした製薬企業に対する非市場的な圧力への対応でもあった。

　その他、米国議会における法制定の歴史として、1990年の予算調整法（Omnibus Budget Reconciliation Act of 1990）には、1991年に発効したメディケイド医薬品購入（Medicaid Prudent Pharmaceutical Purchasing）条項が含まれた。この規定は、製薬会社が州のメディケイドプログラムに他で提供されている最低価格を提供することを義務付けたものである。メルク社は、立法上のアジェンダを政府や議会に対して設定し、製薬業界の環境を形成する上で重要な役割を果たしていた。具体的な行動計画の例としては、カリフォルニア州のメディケイドプログラム（Medi-Cal）との値引きとフォーミュラリー承認に関する交渉が挙げられる。カリフォルニア州は、メディケイドプログラムに与えられる以上の割引を求めた。カリフォルニア州は最終的に1993年に法律を制定し、メディケイドプログラムで購入するすべての医薬品について、連邦政府が義務付けている20%の割引に加えて、10%の割引を義務付けることにした。

　このように利益や競争以外の非市場要因との共存や交渉を積極的に行うことで、事業に規制をかけようとする潮流を、むしろ自社に有利に運ぶように進めることができる。本事例は、制度による規制を受ける可能性の高い事業を運営する組織は、市場戦略だけではなく非市場戦略を立案し、それらの統合戦略をうまく進めることでより良い事業環境を自ら構築することが事業の成功へと繋がると見らえるケースである（図2-6）。

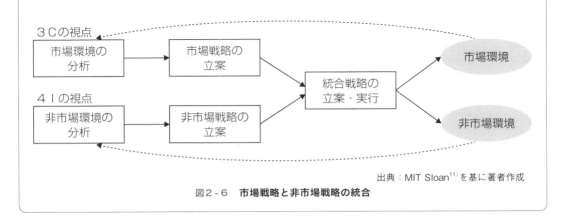

出典：MIT Sloan[11]を基に著者作成

図2-6　**市場戦略と非市場戦略の統合**

＊7　医師や薬剤師などの臨床的判断を表現するための、医薬品のリストや関連情報のこと。継続的にアップデートされ、診断・予防・治療や健康増進の評価に用いられる。（Am J Health-Syst Pharm 2008;65:1272-83）

問題 1 非市場戦略として誤っているものを1つ選べ。

[選択肢]

①新たなビジネスであるため、法や制度が未整備である領域についての制度提案を行う。

②他社との競合を意識しながら、自社がターゲットとする顧客に合わせたプロモーション、商品設計、価格設定、流通チャネルを検討する。

③他の利害関係者を巻き込みながらコミュニケーションをとり、規制の在り方を議論するための組織や部署を作る。

④制度改変について議論するために、勉強会や報告書提出などにより、政策担当者と積極的に情報交換を行う。

⑤書籍や講演、主張広告によって、社会の同意を集めながら世論の支持を得る。

解答
1
　②

解説
1

非市場戦略は、戦略的な意図を持って周囲に働きかけながら、自らのビジネスに有利な法律やルールなどの環境を創り出そうとする活動を指します。法制度に直接影響を与えようとする活動以外にも、日常の情報交換や、世論の支持を得る活動も含まれます。一般に、競合を意識し、自社の経営戦略を立案する活動は市場戦略と言えます。②はマーケティングの４Ｐに該当するものであり、市場戦略を考える際の有効な視点です。

非市場戦略を分析するための視点である「4つの I」として誤っているものを 1 つ選べ。

[選択肢]

①論点（Issues）

②利害関係者（Interests）

③規制主体（Institutions）

④誘因・動機（Incentive）

⑤情報（Information）

解答 2

④

解説 2

非市場環境を俯瞰するための分析の視点として「論点」「利害関係者」「規制主体」「情報」の観点から特徴づけながら整理を行うことが提案されている。

第3章
医療機関を取り巻く外部環境と新規参入事例

1 医療機関を取り巻く外部環境
2 新規領域への参入障壁
3 近年の医療業界でのトレンドにおける参入事例

医療機関を取り巻く外部環境

1　廃止数が開院数を上回る病院、増加を続ける無床診療所

　本邦における病院数は1990年の10,096施設をピークに減少傾向にあり、2018年では8,372施設と30年でマイナス1,700施設と2割ほど減少している（図3-1）。一般診療所は近年増加傾向にあり、1990年の80,852施設から2018年では102,105施設とプラス21,253施設と2.5割ほど増加している[1]。しかし、一般診療所の内訳では無床クリニックは増加傾向にあり、1990年の57,263施設から2018年では約1.7倍の95,171施設まで増加しているが、一方で有床診療所は減少傾向が止まらず、1990年の23,589施設から2018年では6,934施設まで減少し30年前の3割ほどとなっている。

　病院において、2018年では74件施設の開設が見られたが、それを上回る106件が廃止となり、開設数を廃止数が上回る状況が近年続いている。病院の廃止の理由として、医療従事者の不足に伴う病院の統廃合、経営難が原因となった閉鎖や他の医療法人への譲渡、事業承継が挙げられる[2]。また、基準病床制度が第1次医療法改正（1985年）で定められ、二次医療圏ごとに定められている基準病床数を超える新設・増床は特定の分野を除いて禁

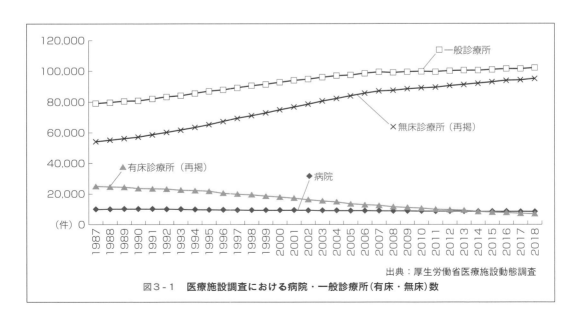

出典：厚生労働省医療施設動態調査

図3-1　医療施設調査における病院・一般診療所（有床・無床）数

止されている。そのため、全国335の二次医療圏中284医療圏では新設または増床が不可となっており、病床の譲渡を受ける以外新たな開設が難しい状況となっている[3]。

　一般診療所においては、近年有床診療所の廃止や有床診療所から無床診療所への移行が多くなっている。2018年では有床診療所67施設が廃止、230施設が無床診療所へ移行している。この要因としては、入院基本料が病院と比較し低く設定されていることによる収益面での課題、後継者不足、看護師を含めた夜勤体制の確保の困難さなどが挙げられている。有床診療所が減少する一方で、無床診療所は有床診療所からの転換も含め新規開業が増加している。後述する在宅医療を行う無床診療所においては、従来外来診療の機能を有していることが求められていたが、2016年より専門クリニックの開業が認められ、より少ない初期投資で無床診療所を開設することが可能となった。医師数の増加と病院の減少、開業資金の少なさが相まって無床診療所の開設が増加している。

　無床診療所は都市部での開業が多く、過去5年の間で増えた診療所のうち6割が東京等の5大都市に集中していたとも報じられており[4]、医師・クリニックともに都市部への偏在化の進行が顕著である。2020年現在、外来医師の偏在度合いに応じて外来医師多数地域（二次医療圏単位）を設定し、当該地域における開業時には在宅医療、初期救急医療、公衆衛生など地域で不足する医療機能を担うことに了承する要件を設けることが医師需給分科会にて検討されている[5]。外来医師偏在化指標は今後も修正が加えられていく予定ではあるが、暫定の指標の下では、首都圏では東京23区、千葉県千葉市、埼玉県さいたま市、神奈川県横浜市、川崎市が外来医師多数地域となると想定されており、今後これらの地域における開業の規制が定められる予定となっている。

2　進む診療機能に応じた機能分化と連携

　病院と診療所の連携においては、各医療機関の診療機能に応じた機能分化がより求められている。200床以上の病院を受診する際、紹介状を持たない初診および再診患者は選定療養費を負担しなければならず、2020年診療報酬改定においては従来義務ではなかった200床以上の地域医療支援病院でも最低金額で定められた以上の選定療養費を徴収することとなった。また、地域医療支援病院を例にとると、紹介率・逆紹介率の要件が定められており、地域の診療所との連携が必要不可欠な状況となってきている。その他の病院においても、自院の外来だけではなく、他の医療機関からの紹介が欠かせない状況である。診療所においては初期診療を自院で担当することはもとより、大病院への紹介とともに逆紹介によって再び自院で診療をする機会を獲得することが地域で存続していくためには重要な要素となる。病院と診療所の両者において、自院にとって有益となる他の医療機関との関係構築がより求められてきており、地域の医療機関と医療機能連携協定等を結ぶ病院も増加している。

　市場においては、高齢化率は2013年には25％に達し、団塊世代が65歳以上となる2025年には30％に達すると推測されている。年少人口・生産年齢人口ともに減少し、総人口は減少の一途を辿ると予測されていることから、多くの医療機関では一時的には患者が増える可能性はあるものの、長期的な視点で見た場合には少なくなっていく患者の奪い合いが起こることは容易に予想できる。現状においても、病床利用率・集患・財務管理・人材確保等に課題があった医療機関の淘汰が進みつつあり、2019年には病院8件、診療所22件、歯科医院15件の計45件が倒産し、直近10年間で最も多い件数となっている（図3-2）[6]。

3　存続を賭けた新規領域参入の効果とリスク

　そのような状況下の中で、特に都市部にある医療機関間では限られた患者の取り合いとなり、他の医療機関との診療面での差別化や新たな領域への展開が都市部での存続のためには必要不可欠な状況となってきている。また、刻々と変わりゆく状況にも適切に対応していかなければならない。他の医療機関との競争環境を勝ち抜くため、すでに様々な独自の取り組みを行う医療機関も増えてきている。そこで本章では、医療機関を取り巻く厳しい環境下で、事業の継続性を保つために新たに新規領域への参入を行うことを念頭に置き、医療業界で起こった過去の新規事業への参入事例をもとにその効果とリスクについて概説する。

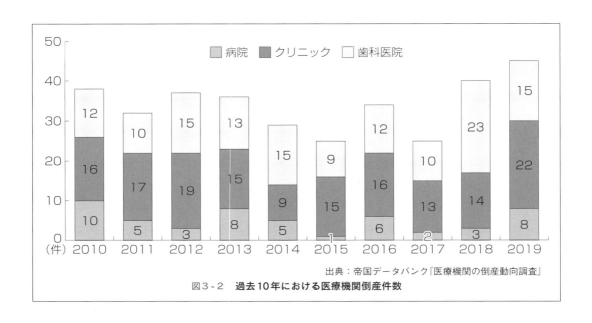

出典：帝国データバンク『医療機関の倒産動向調査』

図3-2　**過去10年における医療機関倒産件数**

❷ 新規領域への参入障壁

1 参入検討に役立つファイブフォース分析

　業界構造や新規領域への参入を考える上で、広く提唱されているものがマイケル・ポーターのファイブフォース分析（5 -Force分析）と7つの参入障壁のフレームワークである。ファイブフォース分析は業界に影響を与えている競争要因を5つの視点で整理することができ、現在自院がいる領域や地域、新規参入を検討する領域や地域での戦略立案に役立てることができる。医療機関に当てはめて要因を整理すると①業界内（領域内、地域内）での競合医療機関、②新規参入の脅威、③代替製品（診療）・サービスの脅威、④売り手の交渉力、⑤買い手の交渉力の5つの競争要因となる（図3-3）。①業界内（領域内、地域内）の競合医療機関はターゲットが全国にいる場合は実施している診療内容を行う全国の医療機関が対象となり、地域内で限られた診療を行っている場合は地域内の他の医療機関を競合と定義し、競合との競争環境の状況の整理を行う。③代替製品（診療）・サービスの脅威においての例としては、次節でも例として挙げる外来診療に対するオンライン診療などが代替品の脅威として挙げられる。従来の「診療を受ける」という価値は、「医療機関に赴いて」

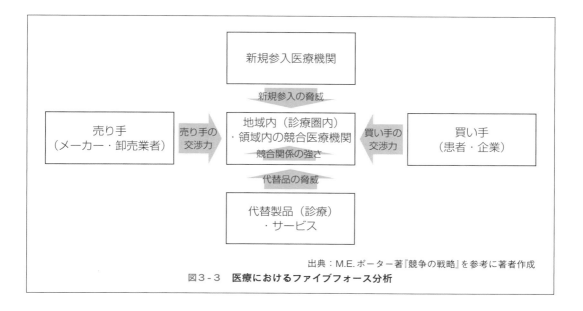

出典：M.E.ポーター著『競争の戦略』を参考に著者作成

図3-3　**医療におけるファイブフォース分析**

「対面で診療を受ける」という概念であったが、オンライン診療はその従来の概念を覆し、オンライン診療という代替品で同じ「診療を受ける」という価値を実現可能となる。このように従来行われなかった方法で同じニーズを満たすことができるものが③代替製品（診療）・サービスの脅威として定義される。サービスの形や提供方法を問わず、顧客が求める価値を満たすものすべてを代替品とて考えなければならず、固定観念にとらわれ患者に与えるべき価値を見極められなければ、周囲から取り残されることにもなる。④売り手の交渉力は医療機器メーカーや医薬品メーカー、卸売業者などを、⑤買い手の交渉力は患者や企業健診事業を行っている場合は企業を対象に情報の整理、分析を実施する。

2 新規参入を阻むポーター7つの参入障壁

　②新規参入の脅威においては、新規参入を行ううえでの7つの参入障壁をポーターが示しており、これらの障壁を容易に超えられる場合は新たな医療機関の参入がしやすい状況、一方で参入障壁が高ければ既存の医療機関が優位な状況となると考えられる（図3-4）。医療業界において特徴的なものとしては製品差別化や政府の政策が挙げられる。製品（診療）においては、医療という特性上同じ治療を行ってもすべての患者が同じ効果を得ることはできず、また治療の効果がその治療によるものなのかも証明することが難しい。また、複数の治療を比較することもどのような治療を受けるかを予測することも難しい。医療法広告ガイドラインにおいて、他の医療機関との治療効果を比較することも禁じられていることから、患者はその医療機関で受けることができる治療が本当に良いものなのかを判断することが難しいという状況に置かれている。このような状況の中で各医療機関は患者が客観的に判断できる点ですでに参入している医療機関に対して差別化を図る努力が必要となる。差別化のポイントを明確に患者に示すための手段としては最新医療機器の導入、患者の不満足に繋がる待ち時間を解消する予約システム、接遇、食事、個室などの設備、キャッシュレス決済への対応などが対策として考えられる。ファイブフォース分析で述べた③代替品（診療）の脅威でも述べたような、従来の医療提供の仕組みを抜本的に変え、他院が用

出典：M. E. ポーター著『競争の戦略』

図3-4　**新規参入における7つの参入障壁**

いていない方法を用いることも有効な手立てである。

　医療においては政府の政策の面での影響も大きい。診療報酬制度での制約も大きく、他の医療機関がまだ取り組んでいない領域、いわゆるブルーオーシャンにおいては、競合が少ないものの診療報酬制度上での評価がされていないことも多く、将来的に先行者利得を得ることができる可能性があるものの、診療報酬制度での評価が得られないため、即時に効果を得ることは難しい。そのため、効果を得ることができるまでの体力がなければ新たな分野への参入は困難となる。また、前節でも述べた医療法上での基準病床制限や今後実施される可能性の高い外来医師多数地域での新規開業の制限等、自由に新たな医療機関を作ることができないなどの問題も参入に当たっては考慮しなければならない。

3　新規参入の成果を負の遺産としないためには

　これらをクリアし、一定の市場性を確保できる領域への参入は、他の医療機関との競争に勝つことができ、安定した収入をもたらす武器にすることも可能となる。ただし、一度手にした武器が継続して使用可能なのかの評価、予測も立てながら戦略の立案・実行をしなければならず、戦略を間違えると負の遺産となってしまう可能性も十分にある。特に診療報酬が設定された分野においては、他の医療機関との競争が激しい、もしくはこれから急速に競争環境が激しくなる領域、いわゆるレッドオーシャンでもあるため、将来的な市場規模の予測や他の医療機関との競争環境も十分に考慮する必要がある。ブルーオーシャンの領域へ参入し、将来的な利益を目指すのか、それともすでに確立されたレッドオーシャンの領域へ参入し、他の医療機関との競争に巻き込まれ、いかに競争優位な状況を作り出していくのかの意思決定が経営陣には求められる。競争優位な状況を作り出した後も、2年に1度の診療報酬改定の影響を最小限にとどめる体制づくりも求められる。

前節で述べた新規領域への新規参入事例とその領域における参入障壁を近年の医療業界で起こったトレンドを例に説明する。

1　PET、PET／CTを用いた検診事業

1990年代後半に放射性同位元素を用いた検査機器PET(Positron Emission Tomography)装置が市場に投入され、悪性腫瘍・虚血性心疾患における心不全・てんかんなどの診断やスクリーニングに用いられ始めた。PET、PET／CT装置の全国での導入が2007年頃より大規模病院を中心に進む一方で、PET装置自体がメーカー希望価格ベースで1台15億円と高額であること、シンクロトロンの設置やデリバリーでのコストもかさむことから、各医療機関での新規導入は巨額の投資やコストの面が参入障壁となり、設置施設数は現在国内では400施設程度にとどまっている[7]。検診に重点をおいて導入をしていたクリニックでも採算が取れないことから撤退する医療機関も近年出てきている状況である。

2　レーシック手術

2000年に厚生労働省が視力矯正の外科的治療であるレーシック手術を認可し、当時の価格で30万円前後と保険診療外の治療となるものの、日帰り手術が可能で手軽に視力回復を行うことが可能となったことによりレーシックが注目され始めた。レーザー装置1台当たり1億円程度と一般診療所レベルでは多少の投資が必要であったものの、視力の回復という点のみを主眼に置いていた治療のため他院との診療技術やその他のサービス面での差別化という点での障壁も高くなく、多くの医療機関が参入した。

2000年には2万件程度の手術数であったものが2008年には45万件まで急増したが、保険診療外での治療であったため、競争激化に伴う価格競争に巻き込まれるとともに、感染リスクを懸念した患者離れも起こった。結果として多くの医療機関がレーシック手術からの撤退を余儀なくされ、2016年には5万件程度まで手術数が落ち込んでいる[8]。ある程度の設備投資は必要であったものの、日帰り手術が可能なため無床診療所でも参入することができ、短時間で行える手術かつ自由な価格設定ができる魅力的な分野でもあった

レーシック手術市場は、競争の激化と患者自身のレーシック手術に対する抵抗感が影響し縮小の一途を辿った。

3 オンライン診療

　従来、遠隔医療として遠隔画像診断や遠隔病理診断が保険診療の対象として行われてきた。一方で、診療においては対面で行うことが原則であったが、通信速度の向上やオンライン診療を行うためのデバイスの進化の影響もあり2018年の診療報酬改定でオンライン診療が初めて算定可能な診療となった。一方で、対面診療と比較すると診療報酬の評価が高くないことや、対象となる疾患が制限されているとともに再診に限る等の条件があるため、2018年時点で届出医療機関数は905施設と新規参入は進んでいない状況であった[9]。また、第5回NDBオープンデータ調べでは、2018年度のオンライン診療料の算定回数は全国で1,055回にとどまっている[10]。

　しかしながら、COVID-19の感染拡大に伴い、感染症予防の観点から新患者や対応疾患の拡大が議論され、2020年現在で電話再診や電話処方の対象拡大、初診患者への対応拡大、診療報酬の増額が検討・実施されている[11]。第5世代移動通信システム5Gの普及に伴いオンライン診療は今後さらなる広がりを見せる可能性は十分に考えられるとともに、従来の対面診療の代わりとなる可能性も高いことから、オンライン診療市場が拡大する可能性は十分にある。

4 訪問診療・在宅医療

　近年、多くの診療所や病院の参入が起こったのが訪問診療・在宅医療である。診療報酬上での訪問診療に対する評価として在宅療養診療所制度が2006年度診療報酬改定で創設され、人員の確保や夜勤体制の整備さえできれば、参入障壁となるものはなく、どの医療機関でも比較的容易に参入が可能となった。訪問診療については次章以降で詳述する。

問題 1 ポーターのファイブフォース分析の項目として適切ではないものを1つ選べ。

[選択肢]

①代替品の脅威

②売り手の交渉力

③買い手の交渉力

④新規参入の脅威

⑤政治・法律的な影響

確認問題

解答 1　⑤

解説 1

ファイブフォース分析は業界に影響を与えている競争要因を5つの視点で整理することができ、現在自院がいる領域や地域、新規参入を検討する領域や地域での戦略立案に役立てることができる。

医療機関に当てはめて競争要因を整理すると、

①業界内（領域内、地域内）での競合医療機関

②新規参入の脅威

③代替製品（診療）・サービスの脅威

④売り手の交渉力

⑤買い手の交渉力

の5つとなる。

問題 2 ポーターの７つの参入障壁として適切ではないものを１つ選べ。

[選択肢]

①巨額の投資

②製品差別化

③政府の政策

④人的資源の確保

⑤流通チャネルの確保

解答 2　　④

解説 2

新規参入時における脅威を見る際の7つのポイント（7つの参入障壁）は以下となる。

①規模の経済：規模の経済性がある場合、スケールメリットが効くため価格競争となり、始めから大規模参入が必要となる。

②製品差別化：既存企業が製品やサービスにおいて高いブランド力を有している場合、更に高度な差別化が必要となる。

③巨額の投資：研究開発や設備投資などの初期投資や維持管理コスト等を要する場合、巨額な投資およびその調達が必要となる。

④仕入先を変更するコスト：品質面や審査の手間に多大なコストと労力を要するため、その分の価格転嫁が必要となる。

⑤流通チャンネルの確保：既存チャネルを活用できない場合、新たに取引先の開拓やプロモーション等が求められ、多大な労力・時間・コストが必要となる。

⑥規模とは無関係のコスト面の不利：既存企業が特許等の技術や独占的な材料を有している場合、規模とは無関係に特許使用料の支払い等が必要となる。

⑦政府の政策：政府の方針や政策に左右される場合、行政による許認可や規制を受けることが必要となる。

問題 3　2019年における医療機関の倒産件数として最も近い数字を１つ選べ。

[選択肢]

① 5件

② 10件

③ 50件

④ 100件

⑤ 200件

解答 3　③

解説 3

帝国データバンクによれば、2019年の医療機関（病院・診療所・歯科医院）の倒産（負債1,000万円以上、法的整理）は45件（病院8件、診療所22件、歯科医院15件）に上った。2009年（52件）、2007年（48件）に次ぐ過去3番目の水準で、2010年以降の10年間では最多となった。

負債総額は223億7,100万円（病院137億8,700万円、診療所75億9,400万円、歯科医院9億9,000万円）。

倒産態様別では「破産」が38件（構成比84.4％、病院3件、診療所21件、歯科医院14件）、「民事再生法」が7件（構成比15.6％、病院5件、診療所1件、歯科医院1件）。

都道府県別では「東京都」（6件）が最も多く、以下、「神奈川県」（5件）、「大阪府」「北海道」「京都府」「兵庫県」「福岡県」（各3件）と続いた。

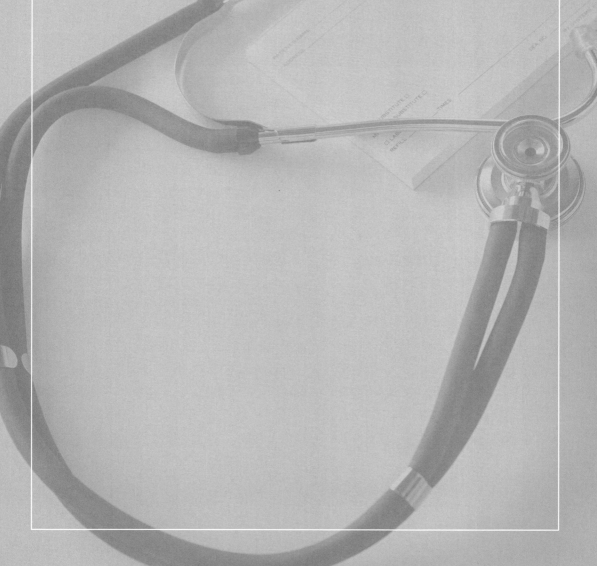

第4章

在宅医療分野の現況および
参入効果とリスク、取り組み事例

1 在宅医療分野の変遷
2 訪問診療・在宅医療への参入効果と収益
3 事業継続に向けた診療報酬上の評価状況
4 訪問診療・在宅医療を取り巻く環境の変化
5 新規領域への参入リスク

在宅医療分野の変遷

　無計画な新規領域への参入や事業規模の拡大は、その後の外部環境の変化によって大きな損失を被ることも十分に起こり得る。在宅医療は2020年に１兆円を超える市場規模となり、１つの分野として確立されたといえる[1]。一方で、診療報酬制度の改定による減収も経てきた分野である。そこで本章では、在宅医療分野を一例として、新規参入の効果とリスクについて概説する。

1　診療報酬上で優遇化が進む在宅医療

　患者宅での医療は1981年にインスリンの在宅自己注射管理料が導入されたのに始まり、1992年の第２次医療法改正にて居宅が医療提供の場と認められた。さらには1994年の健康保険法改正により在宅医療が法文上明確に位置付けられた。

　老人診療報酬制度においては寝たきり老人訪問診療料、寝たきり老人在宅総合管理料（〜2005年）の創設、診療報酬制度においては1988年の在宅患者訪問診療料の創設からはじまり、1994年の在宅時医学管理料（〜2005年）が創設されている。その後、現在の訪問診療の基本形となる在宅療養支援診療所（以下、在支診）制度が2006年度診療報酬改定で創設、在宅療養支援病院（以下、在支病）が2008年に創設された。

　診療報酬の面では、計画的な医学管理の下に月２回以上訪問診療を行った場合に算定可能な在宅時医学総合管理料が新たに設定され、現在では在宅時医学総合管理料に加え訪問診療料、在宅看取りを行った際に算定可能な在宅ターミナルケア加算、介護保険における居宅療養管理指導等の算定を行うことができる。

　在支診・在支病は条件を満たした上での届出が必要となるものの、制度発足時より10,000施設に迫り、2012年には医師数３名以上、緊急往診・看取り実績等の条件をクリアした在支診・在支病に新たに機能強化型の要件が認められ、診療報酬上でも優遇される状況となっている（図４-１、図４-２）。

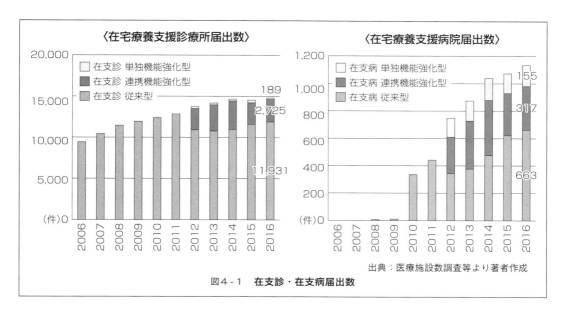

〈在宅療養支援診療所届出数〉

〈在宅療養支援病院届出数〉

出典：医療施設数調査等より著者作成

図4-1 **在支診・在支病届出数**

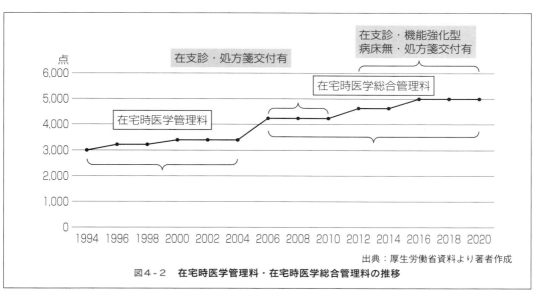

出典：厚生労働省資料より著者作成

図4-2 **在宅時医学管理料・在宅時医学総合管理料の推移**

② 訪問診療・在宅医療への参入効果と収益

1　外来診療より安定的収入が可能な訪問診療

　通常の内科診療において、患者単価を5,000円とし、1患者当たりの診療時間を10分程度と仮定すると、1時間当たりの収入は患者6人を診察した場合で最大30,000円程度となる。一方で、訪問診療を実施した場合、移動時間を含めると1時間当たりに診療を行うことができる患者数は1名程度となるが、在宅時医学総合管理料、訪問診療料に加え、介護保険部分での管理料も加えると1患者当たりこちらも30,000円程度の収入を得ることができる計算となる。また、定期的な訪問計画を立てることで患者の来院予測が難しい医療機関での外来診療と比べて安定的な収入を見込むことが可能となる。訪問診療ルートの工夫や、施設患者などをまとめて診察することができると、時間当たりの収入を大幅に増やすことも可能となり、季節を問わず安定的な収入を生み出すことができる武器となる。

　上記の理由より、訪問診療は外来での診療と比較しても安定して収入を増やすことが可能なコンテンツと認識されるようになり、1つの診療方法として確立する結果となった。厚生労働省調べによると、100人以上の訪問診療患者を抱えている在支診・在支病は1,500施設を超える状況となっており、在宅医療を専門に行う医療機関も増えている。

　また、在宅医療は在宅患者と病院を結びつける機能としても有効に働いている。2014年診療報酬改定にて在宅療養後方支援病院が創設され、緊急時に入院が必要となった場合の受け入れに対する評価として、在宅患者緊急入院料加算において最大2,500点の算定も可能となっている。在宅医療を実施する医療機関だけではなく、それを支える医療機関も評価されている。

③ 事業継続に向けた診療報酬上の評価状況

1 在支診・在支病の体制評価を行う機能強化型の認定

2012年より、訪問診療を実践する在支診・在支病の体制評価を行う機能強化型の認定が始まった。2020年では連携施設を含めた体制が認められているが、各施設3名以上の医師の配置や一定数以上の在宅看取りが求められている。この算定基準は緊急時や在宅看取りまでの診療を在支診・病院が行うことを求めているものであるが、勤務医師にとっても複数人での診療体制を構築することができ、待機業務の分散化や研修・教育機会を確保することもでき、継続して在宅医療に従事することが可能となった。表面上の在宅医療ではなく、在宅に移行した段階から最期までを在宅医療で全うするための医療と、それに伴う在支診の体制が機能強化型の施設として評価されている（表4-1）。

表4-1　**在支診・在支病の要件**

	機能強化型在支診・在支病		在支診・在支病
	単独型	連携型	
全ての在支診・在支病が満たすべき基準	①24時間連絡を受ける体制の確保 ②24時間の往診体制 ③24時間の訪問看護体制 ④緊急時の入院体制 ⑤連携する医療機関等への情報提供 ⑥年に1回、看取り数等を報告している		
全ての在支病が満たすべき基準	「在宅療養支援病院」の施設基準は、上記に加え、以下の要件を満たすこと。 （1）許可病床200床未満であること又は当該病院を中心とした半径4km以内に診療所が存在しないこと （2）往診を担当する医師は、当該病院の当直体制を担う医師と別であること		
機能強化型在支診・在支病が満たすべき基準	⑦在宅医療を担当する常勤の医師3人以上	⑦在宅医療を担当する常勤の医師連携内で3人以上	
	⑧過去1年間の緊急往診の実績10件以上	⑧過去1年間の緊急往診の実績連携内で10件以上、各医療機関で4件以上	
	⑨過去1年間の看取りの実績又は超・準超重症児の医学管理の実績いずれか4件以上	⑨過去1年間の看取りの実績連携内で4件以上　かつ、各医療機関において、看取りの実績又は超・準超重症児の医学管理の実績いずれか2件以上	

出典：厚生労働省資料より著者作成

　2020年診療報酬制度上では、医学時総合管理料は在宅時と施設入居時等に細分化され、機能強化型の在宅時医学総合管理料は最大で5,800点、機能強化型ではない場合は最大で4,900点と機能強化型のほうが900点優遇された評価となっている。また、在支診・在支病以外の医療機関も在宅時・施設入居時等医学総合管理料が算定可能であるが、最大3,450点にとどまっている。なお、2020年現在で在宅時・施設入居時等医学総合管理料は①居住場所、②患者状態、③訪問診療回数、④単一建物診療患者数、⑤施設種別の5つの要素を元にグループ分けされ、144分類ごとに点数が定義されている（図4‑3）。

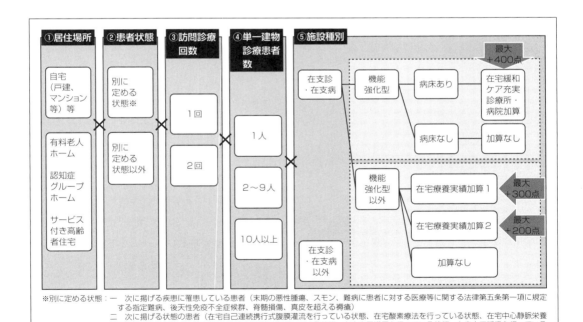

※別に定める状態：一　次に揚げる疾患に罹患している患者（末期の悪性腫瘍、スモン、難病に患者に対する医療等に関する法律第五条第一項に規定する指定難病、後天性免疫不全症候群、脊髄損傷、真皮を超える褥瘡）
　　　　　　　　　二　次に揚げる状態の患者（在宅自己連続携行式腹膜灌流を行っている状態、在宅酸素療法を行っている状態、在宅中心静脈栄養法を行っている状態、在宅成分栄養経管栄養法を行っている状態、在宅自己導尿を行っている状態、在宅人工呼吸を行っている状態、植込型脳・脊髄刺激装置による疼痛管理を行っている状態、肺高血圧症であって、プロスタグランジンI2製剤を投与されている状態、気管切開を行っている状態、気管カニューレを使用している状態、ドレーンチューブ又は留置カテーテルを使用している状態、人工肛門又は人工膀胱を設置している状態

出典：厚生労働省資料より著者作成

図4‑3　在宅時・施設入居時等医学総合管理料分類体系

❹ 訪問診療・在宅医療を取り巻く環境の変化

　2014年診療報酬改定時に、在宅医療の不適切事例への対応が明確に示された。保険医療機関等が、事業者等に対して金品を提供し、患者を誘引することを禁止したものである。一部の医療機関と事業所による問題であるが、在宅医療分野全体に問題が広がり診療報酬にも影響する形となった。この点に関し、2013年8月に厚生労働省保険局医療課からも「在宅医療における患者紹介等の報告様式について」の事務連絡が出されている[2]。

　この問題の概要としては、例えばグループホームの1ユニット9名全員が訪問診療の適用であるとの前提ではあるが、9名全員の訪問診療を在支病・在支診が受けたとした場合、在宅時医学総合管理料のみで月5,000点×9名＝45,000点、年間で540,000点の安定的な収入を得ることが可能となる。しかし、2006年より訪問診療の評価が高くなされるようになったことで、これに目を付けた事業者が患者紹介ビジネスとして訪問診療対象となる患者を紹介する代わりに医療機関からのキックバックを求め、医療機関と事業者の間に金銭の授受が起こっていたと報道されている。2014年、これを問題視した中央社会保険医療協議会（中医協）は施設に対する在宅時医学総合管理料の大幅な減額を決定した。

　改定以前の強化型の在宅時医学総合管理料が5,000点（病床有、処方せん有）であったのに対し、同一建物における複数訪問時の点数が新設され、従来から3,800点減の1,200点（病床有、処方せん有）となったのである[3]。その後、2016年度診療報酬改定以降、施設に対する医学総合管理料が見直された結果、施設においては施設入居時等医学管理料が新たに創設された。施設に入所している患者であっても別に定められている悪性腫瘍の末期患者等はより高い点数（最大3,500点）で算定することが可能となった一方、機能強化型の在支診・在支病（病床あり）であっても単一住所10人以上の診療患者、別に定める状態以外の場合は1,100点と設定され、2014年診療報酬改定時同様に低い評価となっている。なお、2014年度診療報酬改定で1,200点に減点がなされた2〜9人の施設入所者に対する評価は2020年現在では1,700点（病床当たり、別に定める状態以外）と500点増える結果となっている。

　安定的な収益を上げることができていた施設への訪問を含む訪問診療・在宅医療であるが、一部の不正が大きく報じられたことをきっかけに、在宅医療分野全体にまで大きな影響を及ぼし、在宅医療を実践する医療機関の経営にも大きなダメージを与える事態となった。

新規領域への参入リスク

1　変化を予測したリスクマネジメントの必要性

　2006年に訪問診療の評価が高まったことにより、収益面でも魅力的となった在宅医療の分野であったが、8年後の2014年度診療報酬改定時に大きな転換期を迎えることとなった。前節での計算同様の診療を、グループホームを対象に行っていた場合、改定以前は1ユニット9名で年間540,000点を算定できていたものが、改定後は129,600点と1ユニット当たり約400万円の減収となった。施設を中心に訪問診療を行っていた在支病・在支診は大きなダメージを受け、事業継続に向けて再考しなければならない年となったのである。

　2016年度診療報酬改定時には施設入所者であっても別に定める重傷者の評価は改めて高く設定されることとなったが、軽症者かつ多人数が入所している施設患者の評価は低いままとなっている。一方で、個人宅を対象とした訪問診療は変わらずの高い評価を保ち、安定した収益をもたらす領域となっており、在宅医療を専門とした診療所の開設も増えてきている。しかしながら、個人宅を対象とした在宅医療の評価の高さがいつまで続くかは不透明であり、今後さらに評価が高くなる可能性も、施設と同様に評価が下がる可能性のどちらも考えられるため、今後の動向を注視していかなければならない。

　新規領域へ参入する際には、参入を検討する当初は魅力的な市場もしくは今後の伸びが十分に期待できる市場である場合が多いだろう。しかし、好調な状況がいつまで続くかはわからず、一時を境に負の領域へと変わるリスクもはらんでいる。このリスクを回避するためには、目先の利益にとらわれず、市場性の推測を行うことはもとより、医療業界の場合は診療報酬改定の動向も一定程度予測しながら新規領域への参入の決定を行う必要がある。多額の投資を必要とする領域への参入は特に注意が必要である。また、参入後はその後の変化も予測しながらリスクマネジメントを行うことが経営部門には求められる。

問題 1 ## 2020年時点での在宅医療の市場規模として最も近い数字の組み合わせを1つ選べ。

[選択肢]

	年間診療報酬 算定額	1か月の 訪問診療患者数	75歳以上の 患者の割合
①	50億円	40万人	60%
②	100億円	60万人	70%
③	1,000億円	80万人	70%
④	1兆円	80万人	90%
⑤	10兆円	100万人	90%

解答 1

④

解説 1

厚生労働省の「2019年社会医療診療行為別統計」（2020年6月24日公表）によれば、2019年6月審査分のレセプトにおいて、在宅医療の部の診療報酬算定額は1か月当たり前年同月比27億円（3.5%）増の809億円に上り、年換算では9,713億円となる。年換算した診療報酬算定額は近年、年間300億〜400億円のペースで増加し、2020年には1兆円を超える見通し。

在宅患者訪問診療料（主治医による診療）が月1回以上算定されていた患者は79万5,316人で、1か月の間に主治医による訪問診療を受けた患者が約80万人に上る。高齢化の進展に伴い、訪問診療を受ける患者は年間4万人のペースで増えている。

患者を年代別を見ると、「75歳以上」が89.4%を占め、続く「65〜74歳」の6.6%と合わせると、65歳以上の患者が全体の95%以上を占めている。

第5章

医療・介護分野における人材採用

2040年問題をめぐる医療・介護の背景

1 2040年まで増加が見込まれる医療費・介護費と人材需要

　わが国では2015年から2040年までに現役世代の人口が約1,750万人減少し、生産性が大幅に低下していくことが予想されている。2040年には、日本の人口は約1億1,000万人になり、1.5人の現役世代（生産年齢人口）が1人の高齢世代を支えるという時代を迎えようとしている。さらに、2040年には85歳以上年齢が高齢人口の3割近くになり、高齢世代がさらに高齢化していく。また、高齢世代のなかで単独世代が4割を超え、高齢世代の孤立化が進む。地域の特徴としては、地方では高齢人口が減少し始めるが、現役世代の減少および都市部への流出がそれ以上に加速化していくことが予想されている[1]。

　これらの背景から、医療費・介護費ともに2040年まで増加していくことが見込まれており、それに伴い医療・介護の就業者数も増加していくことが予想されている。人材需要が高まることによって、その採用コストが増加することは、どのような業界においても同様に言えることであるが、そのような場合、一般的な市場においては景気拡大が伴っており、そのため採用コストが増加しても、企業はそれに伴う利益の獲得（1つの商品またはサービス当たりの価格向上×その顧客数の増加）が期待できることから、その採用コストを支払うことが十分可能であろう、という経営判断を行うことができる。

　しかし、医療・介護分野においては少し事情が異なっている。医療・介護需要の増加に伴い、採用コストも増加していくことには変わりないが、診療報酬・介護報酬といったあらかじめ公定価格が設定されている医療・介護分野においては、患者数・利用者数を増加させることでしか収益の増加は見込めない。そのため、一般的な企業と同様の採用コストを掛ける十分な余裕はないというのが、多くの医療・介護事業者の現状である。図5-1は、医療・介護分野における人材紹介サービスの一般的なビジネスモデルを表している。人材紹介会社が運営するWebサイトに自身の希望内容等を登録した求職者は、人材紹介会社の営業担当者から電話で連絡を受け、求職者自身の資格情報や希望する労働条件の詳細を伝える。人材紹介会社は、求人募集を行っている事業所に対して電話で連絡を取り、その人材の紹介を行う。事業所がその紹介内容で了承した後、人材紹介会社は求職者と事業所との面接日の日程調整を行う。求職者と事業所との、対面での採用面接を行った後、採用が確定となった場合、求人事業所は人材紹介会社に成功報酬として紹介手数料を支払う（後

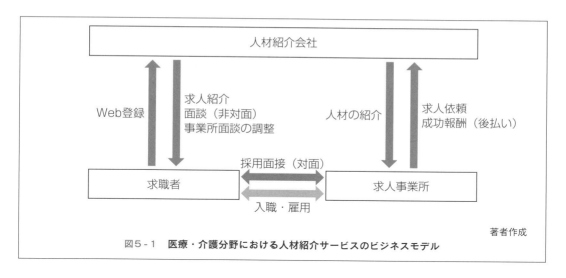

図5-1　**医療・介護分野における人材紹介サービスのビジネスモデル**

払い)という流れとなっている。

　一般企業において、人材紹介サービスを用いて採用した際に発生する手数料は、年収の30％前後といわれているが、医療・介護分野においてもその手数料割合を適用することは果して妥当であるのだろうか？　一方で、医療・介護業界は労働集約型産業であり、他の業界・業種と比較しても高い人件費比率であることから、医療・介護分野における経営資源として人材は大変重要な要素であることがわかる。

　わが国の財政課題の現状から、今後は診療報酬や介護報酬が医療・介護需要の増加と比例して十分に増えていくことは予想しにくいため、採用コストを増やしていくことは難しい状況になると考えられる。医療・介護需要の拡大に対応していくためには、採用コストを抑えたうえで、より良い人材確保のための新たな取り組みが医療機関等に求められるであろう。そこで本章では、医療・介護業界における人材確保の現状として、民間職業紹介事業者を利用した採用の現状と課題を明らかにするとともに、より良い人材を獲得するためにはどのような取り組みが必要であるかを、先進的な取り組みを行っている事例より紹介する。

② 職業紹介事業に関する アンケート調査の概要

　厚生労働省は、「医療・介護分野における職業紹介事業に関するアンケート調査集計結果」の概要を2019年12月に公開した。この調査の目的は、「平成29（2017）年改正職業安定法（2018年1月1日施行）が施行後1年を経過したことから、その施行状況を把握するとともに、特に人材不足が顕著である医療、介護分野における職業紹介事業者、求人者、就職者を対象に職業紹介に係る実態を把握し、職業紹介事業の適正な運営を確保するべく、今後の指導監督業務等に活用すること」としており、求人事業所（医療・介護分野）、就職者（医療・介護分野）、職業紹介事業者を対象にアンケートを行い、集計されたものである[2]。

1 民間職業紹介事業者を利用するメリット

　図5-2は、医療分野の事業所が利用した職種別採用方法について表したものである。医師の採用時には、民間職業紹介事業者が最も多く（55.8%）、次いで直接募集（29.9%）、縁故（18%）、求人情報サイト（17.6%）となっていた。看護師・准看護師については、公共職業安定所（ハローワーク）が最も多いが（81.5%）、民間職業紹介事業者もほぼ同程度の回答となっていた（78.7%）。

　医療分野の事業所が、民間職業紹介事業者を利用する理由で最も多い回答が「ハローワークやナースセンター等他の採用経路では、人材が確保できなかったため」（71.1%）となっ

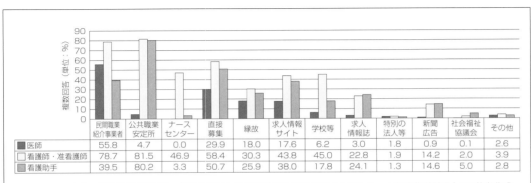

	民間職業紹介事業者	公共職業安定所	ナースセンター	直接募集	縁故	求人情報サイト	学校等	求人情報誌	特別の法人等	新聞広告	社会福祉協議会	その他
■ 医師	55.8	4.7	0.0	29.9	18.0	17.6	6.2	3.0	1.8	0.9	0.1	2.6
□ 看護師・准看護師	78.7	81.5	46.9	58.4	30.3	43.8	45.0	22.8	1.9	14.2	2.0	3.9
■ 看護助手	39.5	80.2	3.3	50.7	25.9	38.0	17.8	24.1	1.3	14.6	5.0	2.8

出典：厚生労働省「医療・介護分野における職業紹介事業に関するアンケート調査集計結果」より著者作成

図5-2　医療分野の事業所が利用した採用方法

ており、次いで「確実に求職者を紹介してもらえるため」(40%)、「迅速に求職者を確保することができる(採用に至るまでのスピード)」(38.4%)となっている。医療分野の事業所が、公共職業安定所やナースセンターなど無料の機関を利用しない理由で最も多い回答が「なかなか求職者を紹介してもらえないため」(67.9%)となっており、次いで「迅速に求職者を確保できないため(採用に至るまでのスピード)」(41.1%)となっていることから、民間職業紹介事業者は、公共職業安定所やナースセンターなど無料の機関に対する求人者(医療機関)が持つ採用活動ニーズを満たすサービスであることがわかる。

　図5-3は、介護分野の事業所が利用した職種別採用方法について表したものである。介護支援専門職の採用時には、公共職業安定所の利用が最も多く(19.8%)、次いで直接募集(11.4%)、求人情報サイト(9.7%)となっている。介護職員の採用時にも公共職業安定所の利用が最も多くなっているが(68.6%)、介護支援専門職の採用よりも、その利用割合は大きくなっていることがわかる。次いで、民間職業紹介事業所(41.5%)、求人情報サイト(36.9%)となっている。看護職員についても同様の結果で、公共職業安定所の利用が最も多くなっており(36.7%)、次いで民間職業紹介事業所(27.6%)、求人情報サイト(18.1%)となっている。リハビリ専門職についても公共職業安定所の利用が最も多くなっているが(12.5%)、その利用割合は他職種と比較するとかなり小さいことがわかる。

　介護分野の事業所が、民間職業紹介事業者を利用する理由で最も多い回答は「ハローワークやナースセンター等他の採用経路では、人材が確保できなかったため」(73.7%)であり、次いで「確実に求職者を紹介してもらえるため」(33.3%)、「迅速に求職者を確保することができる(採用に至るまでのスピード)」(31%)となっており、これらの結果は医療分野の事業所の回答と同様の結果となっていた。さらに、「民間職業紹介事業者からの営業活動があったため」(31.3%)も比較的多く、介護事業所のほうが営業活動の効果を受けやすいことが考えられる。介護分野の事業所が、公共職業安定所やナースセンターなど無料の機関を利用しない理由で最も多い回答が「なかなか求職者を紹介してもらえないため」

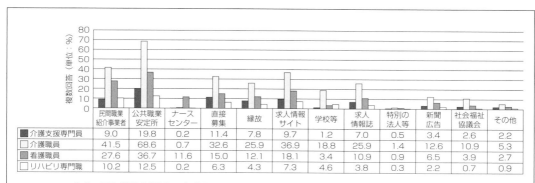

複数回答(単位：%)	民間職業紹介事業者	公共職業安定所	ナースセンター	直接募集	縁故	求人情報サイト	学校等	求人情報誌	特別の法人等	新聞広告	社会福祉協議会	その他
■介護支援専門職	9.0	19.8	0.2	11.4	7.8	9.7	1.2	7.0	0.5	3.4	2.6	2.2
□介護職員	41.5	68.6	0.7	32.6	25.9	36.9	18.8	25.9	1.4	12.6	10.9	5.3
■看護職員	27.6	36.7	11.6	15.0	12.1	18.1	3.4	10.9	0.9	6.5	3.9	2.7
□リハビリ専門職	10.2	12.5	0.2	6.3	4.3	7.3	4.6	3.8	0.3	2.2	0.7	0.9

出典：厚生労働省「医療・介護分野における職業紹介事業に関するアンケート調査集計結果」より著者作成

図5-3　介護分野の事業所が利用した採用方法

(47.5％)となっており、次いで「迅速に求職者を確保できないため(採用に至るまでのスピード)」(28％)となっており、医療分野の事業所と同様の結果となっていた。

　図5-4は、求職者が求職活動の際に利用した方法を表している。民間職業紹介事業者をよく利用する人は30.1％、たまに利用する人は42.6％となっており、合計で72.7％が利用していたことを報告している。次に多いのが求人情報サイトで、よく利用する人は26.1％、たまに利用する人は28.0％となっており、合計で54.1％の利用が報告されていた。公共職業安定所については、よく利用する人は20.4％、たまに利用する人は29.6％となっており、合計で50.0％が利用していたという状況であった。

　図5-5は、求職者が求職活動の際に、民間職業紹介事業者を利用する理由を表している。最も多かった回答が「インターネットやスマートフォンで手軽に登録ができる」で、全体の75％という回答であった。次に多かった回答が「希望にあった求人を紹介してもらえる」が46％、「求人企業の詳しい情報を知ることができる」が40％、「ご自身の仕事が忙しく、求人探しなど求職活動を自ら行う時間がない」が39％、「就業条件について求人者と交渉してもらえる」が27％という結果となっていた。

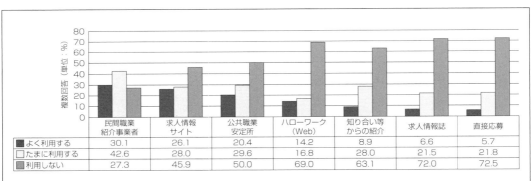

出典：厚生労働省「医療・介護分野における職業紹介事業に関するアンケート調査集計結果」より著者作成

図5-4　求職活動に当たって利用した方法

出典：厚生労働省「医療・介護分野における職業紹介事業に関するアンケート調査集計結果」より著者作成

図5-5　民間職業紹介事業者を利用する理由

2 民間職業紹介事業者を利用するデメリット

　図5-6は、職業紹介事業者の違いによる医療分野事業所の6か月以内離職率を表している。すべての職種において、民間職業紹介事業者以外（公共職業安定所やナースセンターなど無料の機関）よりも、民間職業紹介事業者を利用したほうが、6か月以内離職率は高いという結果が示されている。

　次に、図5-7は、職業紹介事業者の違いによる介護分野事業所の6か月以内離職率を表している。リハビリ専門職以外の職種で、民間職業紹介事業者以外（公共職業安定所やナースセンターなど無料の機関）よりも、民間職業紹介事業者を利用したほうが、6か月以内離職率は高いという結果が示されている。民間職業紹介事業者を利用するほうが、なぜ離職率が高くなってしまうかという理由については、これまでに調査が行われていないため、その原因は明らかになってはいないが、理由の1つとして、民間職業紹介事業者にとっては成功報酬を得るために、定着率よりも成約を優先するケースが考えられる。

　表5-1は、医療・介護事業者および就職者から民間職業紹介事業者に対する要望を、

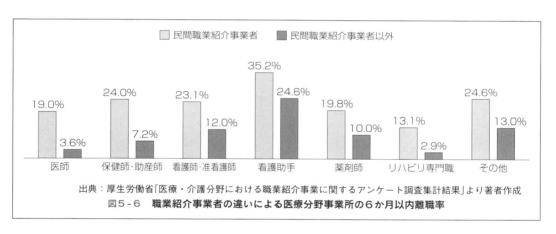

出典：厚生労働省「医療・介護分野における職業紹介事業に関するアンケート調査集計結果」より著者作成
図5-6　職業紹介事業者の違いによる医療分野事業所の6か月以内離職率

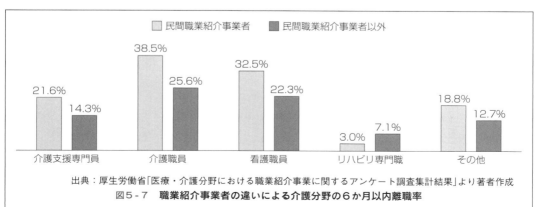

出典：厚生労働省「医療・介護分野における職業紹介事業に関するアンケート調査集計結果」より著者作成
図5-7　職業紹介事業者の違いによる介護分野の6か月以内離職率

表5-2は、医療・介護事業者および就職者から国に対する要望をまとめたものである。民間職業紹介事業者に対する要望として最も多かった回答が、事業者は「紹介手数料の金額を下げて欲しい」（69.9％）で、次いで「入職後、きちんと定着してくれる人を紹介してほしい」（57.5％）、「経験やスキルなどの条件に合った求職者を紹介してほしい」（36.1％）となっていた。就職者は「職種や条件などの希望に添った求人を紹介してほしい」（50.6％）が最も多く、次いで「登録求人企業の数を増やすなどして、できるだけ多くの求人を紹介してほしい」（32.2％）という結果となっていた。

　国に対する要望で最も多かった回答が、事業者は「紹介手数料の適正化」（64.2％）となっており、民間職業紹介事業者に対する要望と同様の結果となった。次いで、「公共職業安定所（ハローワーク）による職業紹介の充実」（63.1％）、「ナースセンターによる職業紹介の充実」（35.6％）となっていた。就職者は「悪質業者に対する取り締まりの強化」（42.2％）が最も多い結果となっており、過去の職業紹介で被害を受けている就職者が多いことが示唆されていた。次いで「公共職業安定所による職業紹介の充実」（37.3％）、「苦情やトラブルが起こった時の相談窓口の設置等の対応の充実」（34.3％）となっていた。

表5-1　民間職業紹介事業者に対する要望

事業者	・紹介手数料の金額を下げて欲しい（69.9％）
	・入職後、きちんと定着してくれる人を紹介してほしい（57.5％）
	・経験やスキルなどの条件に合った求職者を紹介してほしい（36.1％）
就職者	・職種や条件などの希望に添った求人を紹介してほしい（50.6％）
	・登録求人企業の数を増やすなどして、できるだけ多くの求人を紹介してほしい（32.2％）

出典：厚生労働省「医療・介護分野における職業紹介事業に関するアンケート調査集計結果」より著者作成

表5-2　国に対する要望

事業者	・紹介手数料の適正化（64.2％）
	・公共職業安定所（ハローワーク）による職業紹介の充実（63.1％）
	・ナースセンターによる職業紹介の充実（35.6％）
就職者	・悪質業者に対する取り締まりの強化（42.2％）
	・公共職業安定所による職業紹介の充実（37.3％）
	苦情やトラブルが起こった時の相談窓口の設置等の対応の充実（34.3％）

出典：厚生労働省「医療・介護分野における職業紹介事業に関するアンケート調査集計結果」より著者作成

3　民間職業紹介事業者に支払う手数料

　図5-8は、医療分野の事業者が採用1件当たりの職業紹介事業者に支払った平均手数

料額を表している。紹介サービスを利用した場合、その就職者の年収に対するパーセンテージを、成功報酬として医療・介護事業者が紹介サービス会社に後払いで支払う、というのが一般的なビジネスモデルであるが、「年収の何％に設定するか」という点は、民間職業紹介事業者によって異なっている。年収に対して成功報酬は変わることから、医師の手数料額が最も高い276.6万円となっており、次いで薬剤師が122.5万円、看護師・准看護師が91.8万円、リハビリ専門職が86.2万円、保健師・助産師が82.7万円、看護助手が58.7万円となっている。

　図5-9は、介護分野の事業者が採用1件当たりの職業紹介事業者に支払った平均手数料額を表している。リハビリ専門職の手数料額が最も高い78.3万円となっており、次いで看護職員が71万円、介護支援専門員が64.2万円、介護職員が50.1万円となっている。

4 医療・介護分野における職業紹介事業の課題

　これまで、医療・介護分野において大変重要な経営資源である「ヒト」の確保のためにどの程度の費用を掛けているのか、現状の課題は何か、といった点について述べた。課題を

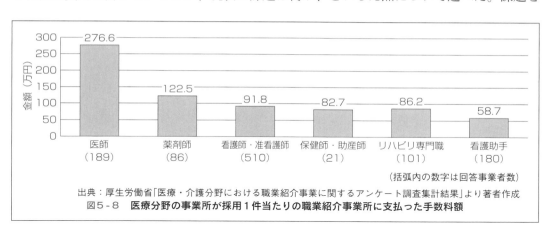

出典：厚生労働省「医療・介護分野における職業紹介事業に関するアンケート調査集計結果」より著者作成

図5-8　医療分野の事業所が採用1件当たりの職業紹介事業所に支払った手数料額

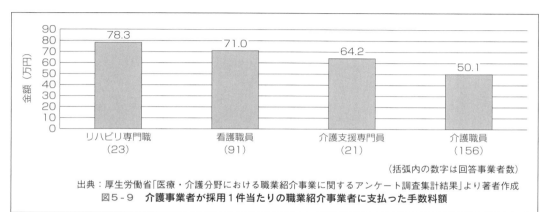

出典：厚生労働省「医療・介護分野における職業紹介事業に関するアンケート調査集計結果」より著者作成

図5-9　介護事業者が採用1件当たりの職業紹介事業者に支払った手数料額

整理すると、医療・介護需要が急速に高まっている中で、迅速に対応することができる民間職業紹介事業者を利用する医療・介護事業者が増えていることが明らかになったが、その一方で、紹介手数料や求める人材の紹介について、不満を持っている医療・介護事業者がいることも示唆された。求職者の視点からも、適切な紹介を行わないような業者が存在することから、国に対して悪質業者に対する取り締まりの強化を求める声があることが示された。

図5-10は、医療・介護分野における職業紹介事業の課題と解決策の一例を示したものである。現状の、医療・介護分野における職業紹介事業の課題として、医療・介護事業者や求職者が民間職業紹介事業者に対するニーズの一部を、民間職業紹介事業者は十分に充たすことができていない点があることが予想される。その原因として考えられる内容は、①専門性の高い医療・介護職の特徴、専門性に対する紹介事業者の十分な理解の不足、②紹介事業者の知識・経験・営業力の不足に伴う、求職者の希望条件と、医療・介護事業者の求めている人材とのミスマッチが発生している、といった理由が考えられる。

これらの原因を解決するためには、どのような方策が効果的であるかについては、これまでに十分な議論が行われてこなかったというのが現状である。考えられる対策としては、①紹介事業者に対し、医療・介護の基礎知識に関する講習の受講を義務化する、医療機関

<table>
<tr><td colspan="2">

民間職業紹介事業者に対するニーズ
（医療・介護事業者）

①確実に、迅速に採用したい
②採用条件（経験・スキル）に合っている人を紹介して欲しい
③②の条件を満たしており、かつ、長く働いてくれる人を紹介して欲しい
⇒民間職業紹介事業者は③のニーズを十分に満たしていない

</td><td colspan="2">

民間職業紹介事業者に対するニーズ
（求職者）

①インターネットやスマホで手軽に仕事を探したい
②求人企業の詳しい情報を教えて欲しい
③自分で探す時間は無いので、代わりに求人を探し、交渉して欲しい
④希望に合った求人を紹介して欲しい
⇒民間職業紹介事業者は④のニーズを十分に満たしていない

</td></tr>
</table>

予想される原因

・医療・介護職は専門性の高い職種であるが、紹介事業者がその高い専門性や特徴を十分には理解できていない可能性がある
・紹介者の知識・経験・営業力に依存する

医療・介護に関する十分な知識が紹介事業者（営業担当）に求められる

予想される原因

・紹介者の知識・経験・営業力に依存するため求職者が働きたいと思う条件と医療・介護事業者が求めている人材とのミスマッチが発生している

就職者の早期離職、採用トラブルの発生に繋がる

解決するためには？　　　　　解決するためには？

【解決策の例】
・紹介事業者に対し、医療・介護の基礎知識に関する講習の受講義務化、医療機関や介護施設での研修実施義務化を行い、紹介の質的向上を図ると共に、悪質業者の取り締まりを行う
・医療・介護人材紹介が適切に実施されているかを検証する評価機関の共同設立（医療・介護事業者、公的・民間職業紹介事業者らによる一般社団法人化等）により、双方の適切な協力による医療・介護人材の確保・紹介の実現を目指す

著者作成

図5-10　医療・介護分野における職業紹介事業の課題と解決策の一例

や介護施設での研修実施を義務化する等によって、紹介の質的向上を図るとともに、悪質業者の取り締まりを行う、といった対策や、②医療・介護人材紹介サービスが適切に実施されているかを検証する第三者評価機関の共同設立（医療・介護事業者、民間職業紹介事業者らによる一般社団法人等）により、双方の適切な協力による医療・介護人材の確保・紹介の実現を目指す、といった対策が考えられる。

　一方で、民間職業紹介事業者に頼らない取り組みを行う事業者の報告もある。名古屋市医師会は2020年1月に独自の求人サイト「名古屋 de 医療のおしごと」を開設し、名古屋市内を中心とした医師、看護師・准看護師、理学療法士、診療放射線技師といった医療資格系職種から、介護支援専門員、介護福祉士、介護職員といった介護系職種の紹介事業を開始した。人材紹介ビジネスの激化で職員採用に絡む負担増に悩む医療・介護事業会員を支え、地域医療を守るのが狙いで、紹介サービスを行った後、医療機関は求職者本人と直接の面接行った後で採用の可否を決めるが、結果にかかわらず紹介手数料は発生しないという点が大きな特徴である。このように、地域医療を守るための改善策を地域で考え、実践していくというモデルが今後増えていくことが予想される。

3 新たなリクルート戦略の事例①
——医療法人仁友会北彩都病院

　ここからは、実際の医療機関における新たなリクルート戦略の事例として、まずは医療法人仁友会北彩都病院の事例を取り上げる。北彩都病院の概要を表5-3に示す[3]。病床数116床、透析ベッド数115床の、血液浄化療法を専門領域の1つとしている病院で、最近では関連施設の増加に伴い、医療・介護サービスの連携を強化させた体制整備を進めている。旭川駅前にあるという立地からも、地域で知名度が高い民間病院の1つである。

表5-3　北彩都病院のプロフィール

法人名	医療法人仁友会
開設年度	1967 年
所在地	北海道旭川市
診療科目	泌尿器科　内科　血管外科　整形外科　人工透析内科　腎臓内科 糖尿病内科　循環器内科　外科　消化器外科　肛門外科　消化器内科
病床数等	一般病棟　116 床 血液浄化療法センター　115 床
関連施設	永山腎泌尿器科クリニック　豊岡内科整形外科クリニック 春光腎クリニック　介護老人保健施設みやびの森 訪問看護ステーション北彩都　介護相談センターみやびの森 北彩都指定居住介護支援事業所　永山指定居住介護支援事業所 サービス付き高齢者住宅みやびの森　ヘルパーステーションみやびの森

出典：医療法人仁友会ホームページより著者作成

1 高い費用対効果を上げる病院見学会

　北彩都病院が行っている独自のリクルート戦略の1つとして、病院見学会の開催がある。北彩都病院への就職、復職、転職を検討している人を対象とした病院見学会を開催しており、看護部門では看護師・准看護師・看護学生・看護補助者・介護福祉士を、診療技術部門では診療放射線技師・臨床検査技師・臨床工学技士・作業療法士・言語聴覚士を、事務部門では医療事務・メディカルクラーク・ドクタークラークを対象としている。見学会自体は北彩都病院内で行われるが、法人の関連施設への就職も相談を受け付けている。当日のスケジュールを表5-4に表す。日曜日の午前中に開催することで、多くの人が参加し

やすいような工夫を行っていること、また職種を限定しない説明会であることから、他職種の友人同士での参加もしやすいような工夫を行っていることが特徴である。さらに、病院見学会終了後の合同質問コーナーは昼食(ビュッフェ形式)をとりながら開催され、実際に勤務しているスタッフと交流をとりながら、情報交換を行うことができるという取り組みも行っている。

表5-4　病院見学会のスケジュール

開始時刻	内容	担当
10:30	スケジュール・注意事項説明	事務局（企画課）
10:35	病院概要説明	法人本部長
11:00	採用までの流れについて	事務局（企画課）
11:10	施設見学・各部署紹介	
	看護部門	看護部長・看護部主任
	事務部門	法人本部長・医事課課長 総務部課長・総務部主任
	技術部門	診療技術部部長
12:10	合同質問コーナー （昼食ビュッフェ形式）	各担当者
12:50	終了（個別質問コーナー）	

著者作成

　図5-11に、病院見学会の参加者に対して行ったアンケートで、「見学会に参加して、率直なご感想と理由をお聞かせください」という質問に対しての自由記入コメントのワードクラウドを表す。5段階の選択形式アンケートで、「とてもよかった」と回答した人が

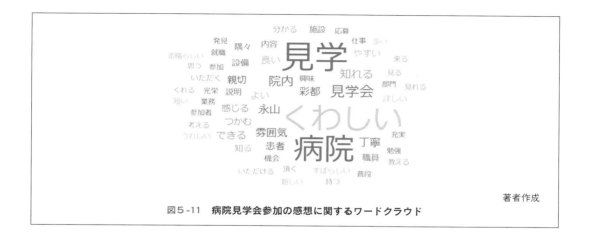

著者作成

図5-11　病院見学会参加の感想に関するワードクラウド

85％、「よかった」と回答した人が13％、未回答者が２％という結果となっており、自由記入コメントからは、病院見学会に参加することによって院内の雰囲気を感じることができる点や、説明が丁寧で、詳しく知ることができる点を、評価の理由としていることが明らかになった。

　表５-５に、病院見学会に参加した後、実際の採用面接に参加した人数の割合について、職種別にまとめたものを表す。診療放射線技師は参加者が２名、臨床検査技師は参加者が１名であった為、面接への参加率が100％と高い数値となっていた。病院見学会に必要な費用は、スタッフの人件費や食事代、病院見学会の広告宣伝費等が掛かっているが、民間紹介業者を利用した際に掛かる手数料額（見込み）と比較すると、「病院見学会」というリクルート活動が非常に高い費用対効果であることは明らかである。さらに、対象職種であれば誰でも参加可能であることから、地域に向けた情報発信という意味でも、病院のCSR（Corporate Social Responsibility：社会的責任 or 社会貢献）活動としての価値も高いと考えられる。

表５-５　病院見学会参加者数に対する採用面接参加人数の割合

職種	応募者数／見学参加者数	（％）	採用人数（人）	民間紹介業者を使用した際に掛かる手数料の見込み額（万円）
看護師・准看護師	43％		1	90.2 万円
看護師（学生）	25％		1	90.2 万円
介護福祉士	20％		1	50.1 万円
看護補助者	0 ％		0	
臨床工学技士（学生）	43％		3	
診療放射線技師（学生）	100％		2	
臨床検査技師（学生）	100％		0	
言語聴覚士（学生）	0 ％		0	
事務・クラーク	8 ％		1	
事務（学生）	15％		2	
全体（合計）	26％		11	230.5 万円

著者作成

2　質と満足度の向上を両立した「職員紹介採用制度」

　北彩都病院が行っている、もう１つの特徴的な採用活動として職員紹介採用制度がある。これは、職員からの紹介によって採用に至った場合、紹介者（職員）には紹介に関わった労

務相当分を、新規採用者には入職支度相当分を支給するという法人内の制度で、法人内ポータルサイトで「紹介採用該当職種」として掲載されている職種（2020年5月25日現在で、看護師・准看護師、看護補助者、介護福祉士、介護職員、臨床工学技士、放射線技師が掲載されている）に限り、各職種における所定労働時間の勤務ができる常勤職員を採用条件としている。労務相当分と入職支度相当分を支給し、支給条件は試用期間（3か月）勤務し、採用日から通算して1年以上の継続勤務が可能な場合としている。採用日から通算し1年未満での退職となった場合は支給取消となり、紹介者職員および新規採用者双方に全額返済義務が生じる。本制度は2019年3月から導入されており、1年間の実績としては、北彩都病院で2名（看護師）、クリニックで1名（看護師）、介護老人保健施設で1名（介護福祉士）、サービス付き高齢者向け住宅で2名(介護福祉士)となっている。

　本制度は、これまで看護師を中心とした人材確保について、新年度が開始となる4月時点では充足できていても、年度途中で退職者が発生した際の補充には苦労することが多い状況が続いていた為、人材確保強化策の一環として、医療経営士が所属する企画部門を中心に制度が本格的に検討され、その後導入に至った。本制度について、担当者（企画課、医療経営士）は過去の実績からも一定の成果は得られていると感じており、今後も制度の継続をしていくことを予定している。

　このような制度の運用は、医療機関・介護施設において、各事業所が独自で行うことができるリクルート戦略であり、質の高い採用活動、職員満足度の向上に繋がることが考えられることから、医療機関・介護施設が今後行うリクルート戦略のスタンダードになっていくことと考えられる。

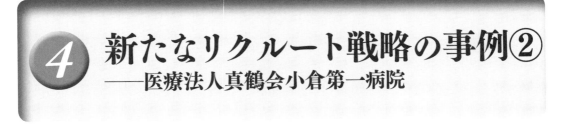

4 新たなリクルート戦略の事例②
——医療法人真鶴会小倉第一病院

　次に医療法人真鶴会小倉第一病院の取り組みを取り上げる。病院の概要を**表5-6**に示す。病床数80床、透析ベッド数110床の、血液透析を専門領域の1つとしている病院で、透析患者数は300名以上という、九州でも有数の患者数を誇る中規模病院である[4]。

表5-6　**小倉第一病院のプロフィール**

法人名	医療法人真鶴会
開設年度	1972年
所在地	福岡県北九州市
診療科目	腎臓内科　糖尿病内科　人工透析内科　内分泌内科　循環器内科　リウマチ科　形成外科
病床数等	一般病棟　32床　医療療養病床　48床　同時透析　110床

出典：医療法人真鶴会ホームページより著者作成

1　求職者に近い世代で構成された「採用プロジェクトチーム」の活躍

　小倉第一病院は1978年から週休2日制を採用しており、勤務環境改善・ワークライフバランス改善に早くから取り組んでいる病院として注目されていた病院の1つである。さらに、中小規模の専門病院であり、かつ市内に総合病院が多い病床過剰地域であることから、看護師の採用に苦労していたという経緯がある。そのような背景から、現在では先進的な独自のリクルート戦略を展開しており、その1つとして、「採用プロジェクトチーム」の取り組みがある[5][6]。

　採用プロジェクトチームは、在職5年前後の看護師、臨床工学技士、理学療法士、管理栄養士、介護福祉士、事務職員といった複数の職種（10名程）で構成され、メンバーは2年毎に交代する仕組みとなっている。求職者に近い世代が採用に携わることで、学生や求職者に近い目線で病院の魅力を伝えることができるという点から、入職後5年前後の職員を中心にメンバーが構成されている。総合病院等の規模の大きな病院であれば、採用活動は部署単位で検討され、職種によっては大量採用を行うこともあるが、中小規模の病院であれば各職種において大量採用を行うことはない。そのため、採用活動においては自部署だけの問題として捉えるのではなく、「病院全体で一緒に働く仲間を集める」という風土づ

くりを意識した活動が行われている。

　採用プロジェクトチームの活動としては、採用サイトでの情報発信、看護フォーラムや学生向け合同説明会、採用関連イベント、病院見学会の対応等を行っている。学生に配布する資料は、例えば看護学生に配布する資料であれば、看護師の視点だけではなく、臨床工学技士や管理栄養士、介護福祉士などの他職種の視点も取り入れながら作成している。これによって、「自分が学生の時に知りたかったこと」という視点で情報を取り込み、入職後の「看護師としての姿」を具体的にイメージできるような業務内容を紹介するとともに、「小倉第一病院の強みや魅力」を幅広い視点で伝えるための工夫が行われている。また、このプロジェクトチームに入職後5年前後の職員が参加することによって、その職員にとっても、採用資料を作成し、病院の魅力を伝えるための話し合いを繰り返し行うことによって、プロジェクトチームの職員自身が、病院の魅力を再認識するきっかけを生むという効果や、職種間のコミュニケーションが生まれることによって、採用活動だけではなく、様々な現場での業務においてもプラスの効果を与えている、という効果が表れている。

　このプロジェクトチームが活動に専念する時間を設けているという点も、大きな特徴の1つである。毎月第4火曜の13〜17時はプロジェクトチームの活動時間と決め、この時間帯はプロジェクトチームのメンバーを、各部署の業務から外すことになっている。さらに、この月1回のミーティングの開始前後には、理事長が出席して、プロジェクトチームの進捗報告を確認することになっている。これによって、経営トップが病院の採用活動が非常に重要と考えていることをプロジェクトチームに伝えることで、メンバーやその他管理職、メンバーを輩出している各部署に対しても、このプロジェクトチームの重要性を周知することができている。

　採用プロジェクトチーム発足から6年で、看護師は14名増加、介護福祉士は8名増加

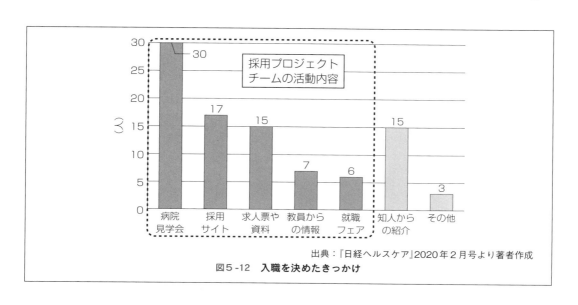

出典：『日経ヘルスケア』2020年2月号より著者作成

図5-12　**入職を決めたきっかけ**

しており、病院全体の離職率も低下傾向にあるという一定の効果が表れるようになってきている。図5-12は入職を決めたきっかけを調査した結果を表しており、その内容のほとんどが、採用プロジェクトチームによる活動内容となっていることからも、チームの活動の成果が確認できている[7]。

　小倉第一病院が取り組むリクルート戦略の特徴としては、これまで学生や求職者に対して十分に伝わっていないと考えられていた「病院の強みや魅力」をどのように伝えていくか、について検討した際に、人事部門による従来の慣習的な採用活動ではなく、学生や求職者の視点に近い、入職後5年程の職員が中心となって構成された採用プロジェクトチームが、その取り組みを企画・実践していたことが大きな特徴である。図5-13に小倉第一病院が実践する採用・育成・定着プロセスの特徴について表す。採用活動における顧客とは、学生や求職者である。病院からの一方的な情報提供（Product-Outの考え方）では、顧客ニーズと採用側ニーズとのミスマッチが発生し、中長期的な職員の定着には繋がらない。一方、学生や求職者に近い目線、「自分たちはどのような情報を求めていたか？」という顧客ニーズに基づいた情報提供（Market-Inの考え方）を行うことによって、さらに「病院の強みや魅力」を積極的に発信していくことによって、顧客ニーズと採用側ニーズを適切に繋げていくことが実現されている。そのようなMarket-Inの採用活動を行うことによって、これまで以上の入職希望者を集めることができるようになり、その結果、病院が求める人材を確保することができるようになるという、より良い採用システムを構築することができている。

　医療サービスの質を高めていく上で、人件費率が高い医療機関においては、より良い人材を確保することは非常に重要な点である。このような質の高い採用活動を行うことによって、医療の質を高めていくことに大きく貢献すると共に、職員満足度を高め、患者満足度を高めるという好循環を生み出すと考えられる。

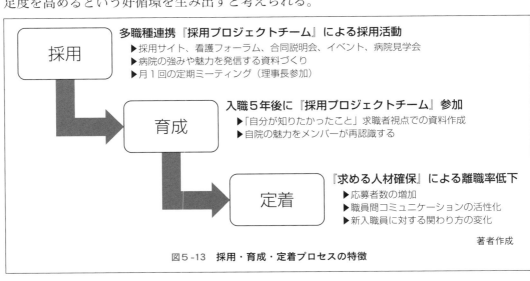

図5-13　採用・育成・定着プロセスの特徴

問題1 医療・介護分野の求職者が求職活動の際に、民間職業紹介事業者を利用する主な理由として該当しないものを1つ選べ。

[選択肢]

①求職活動を自ら行う時間がない

②希望に合った求人を紹介してもらえる

③就職条件について求人者と交渉してもらえる

④民間職業紹介事業者からの営業活動があったため

⑤インターネットやスマートフォンで手軽に登録ができる

解答
1

④

解説
1

厚生労働省「医療・介護分野における職業紹介事業に関するアンケート調査集計結果（2019年12月）」から出題した。選択肢④は、介護分野の事業所が、民間職業紹介事業者を利用する主な理由の1つであるため、誤り。

【参考】厚生労働省「医療・介護分野における職業紹介事業に関するアンケート調査集計結果（2019年12月）」

https://www.mhlw.go.jp/content/11650000/000579094.pdf

参考文献・参考資料

第1章

1）Kotler, P., Hayes, T., and Bloom, P, N. Marketing Professional Services, Revised. Prentice Hall Press. 2000（白井義男・平林 祥訳『コトラーのプロフェッショナル・サービス・マーケティング』ピアソン・エデュケーション 2002）

2）川上智子，木村憲洋．医療のマーケティング序論～7Pと患者志向の再考～．マーケティングジャーナル 32（3）2013

3）「医療経営士テキスト」中級・一般講座3『医療マーケティングと地域医療——患者を顧客として捉えられるか』．日本医療企画．2010

4）Doyle, C., Lennox, L., and Bell, D. A Systematic Review of Evidence on the Links Between Patient Experience and Clinical Safety and Effectiveness. BMJ Open 3（1）:e001570 2013

5）The Beryl Institute Website. Defining Patient Experience. : https://www.theberylinstitute.org/page/DefiningPX　閲覧日2021年1月4日

6）安部博人．病院の社会的責任—CSRからの視点．病院 64（6）2005

7）渓仁会グループ．CSRレポート／年次報告書：https://www.keijinkai.com/?page_id=69　閲覧日2021年1月4日

8）Porter, M, E., and Kramer, M, R. Creating Shared Value. Harvard Business Review, Vol. 89 2011（マイケル・ポーター・マークR．クラマー『経済的価値と社会的価値を同時実現する　共通価値の戦略』ダイヤモンド・ハーバード・ビジネスレビュー36（6）2011）

9）北海道新聞．小樽・済生会ウイングベイに介護拠点を集約．2020年12月18日朝刊

第2章

1）J. Battilana, "How Actors Change Institutions: Towards a Theory of Institutional Entrepreneurship," Academy of Management Annals, 20017.

2）内閣府，"Society 5.0,"：https://www8.cao.go.jp/cstp/society5_0/medical.html. 閲覧日：2021年2月3日

3）D. Baron, "Integrated Strategy: Market and Nonmarket Components.," Management Review,, 第巻37, 第2, pp. 47-65, 1995.

4）D. R. Group, "Growing Patient Involvement in Health Technology Assessment (HTA)," 2019. : https://decisionresourcesgroup.com/blog/growing-patient-involvement-health-technology-assessment-hta/.　閲覧日2021年2月10日

5）入山章栄, 世界標準の経営理論, ダイヤモンド社, 2019.

6）上田惇生［監］,実践するドラッカー利益とは何か, ダイヤモンド社, 2013.

7）近森病院，"近森会グループ　ひろっぱ，" 12 2009. 閲覧日：2021年2月10日：http://chikamorikai.or.jp/assets/images/img/family/innaishi/01_hiroppa/UP_PDF/2009/hiroppa-200912.pdf.

8）m3.com, "医師インタビュー企画 vol.10 近森正幸," 21 4 2014.：https://career-lab.m3.com/categories/case/series/long-interview/articles/242. 閲覧日2021年2月10日

9）m3.com, "妊婦加算「要件を厳格化すべきだった」," 医療維新, 13 1 2019.

10）Voinea, C. L., & Van Kranenburg, H, Nonmarket Strategic Management, Routledge, 2017.

11）MIT Sloan, "What Every CEO Needs to Know About Nonmarket Strategy," Managemetn Review, 2010.

12）内閣府，"子ども・子育て会議," 9 9 2020. オンライン）.：https://www8.cao.go.jp/shoushi/shinseido/meeting/kodomo_kosodate.html.閲覧日2021年2月18日

第3章

1）医療施設調査：https://www.mhlw.go.jp/toukei/list/79-1.html

2）厚生労働省　医療施設統廃合の背景：https://www.mhlw.go.jp/file/06-Seisakujouhou-10800000-Iseikyoku/houkokusho_h22_gappei_01.pdf

3）日医総研：https://www.jmari.med.or.jp/download/RE067.pdf

4）日本経済新聞：https://www.nikkei.com/article/DGXMZO45200770T20C19A 5 MM8000/

5）厚生労働省　医師需給分科会（第30回）：https://www.mhlw.go.jp/stf/shingi2/0000208863_00012.html

6）帝国データバンク　医療機関の倒産動向調査：https://www.tdb.co.jp/report/watching/press/p200101.html

7）第8回全国核医学診療実態調査報告書：https://www.jrias.or.jp/association/pdf/8th_kakuigakujitaityousa_2018_67_ 7 _339.pdf

8）公益社団法人日本眼科医会第4回記者懇談会：https://www.gankaikai.or.jp/press/20160616_3.pdf

9）中央社会保険医療協議会　総会（第422回）議事次第：https://www.mhlw.go.jp/content/12404000/000638093.pdf

10）第5回NDBオープンデータ：https://www.mhlw.go.jp/stf/seisakunitsuite/bunya/0000177221_00008.html

11）厚生労働省：https://www.mhlw.go.jp/content/000620995.pdf

第4章

1）厚生労働省：社会医療診療行為別統計：https://www.mhlw.go.jp/toukei/list/26-19.html

2）厚生労働省保険局医療課：https://www.khosp.or.jp/news/wp-content/uploads/2014/09/1454739144.pdf

3）中央社会保険医療協議会：https://www.mhlw.go.jp/file/05-Shingikai-12404000-Hokenkyoku-Iryouka/0000037464.pdf

第5章

1）国立社会保障・人口問題研究所「日本の将来推計人口」：http://www.ipss.go.jp/pp-shicyoson/j/shicyoson18/t-page.asp

2）厚生労働省「医療・介護分野における職業紹介事業に関するアンケート調査集計結果（2019年12月）」：https://www.mhlw.go.jp/content/11650000/000579094.pdf

3）医療法人仁友会ホームページ：https://www.jinyukai.jp/

4）医療法人真鶴会ホームページ：https://www.kdh.gr.jp/

5）産労総合研究所　看護のチカラ　第21巻447号（2016年4月）p.32-36

6）日本医学出版, 病院経営Master Vol6.2 p.73-76

7）日経ヘルスケア　No.364, 2020年2月 p.34-35

索　引

編著者紹介

小笠原　克彦（おがさわら・かつひこ）

（監修）

北海道大学大学院保健科学研究院教授、北海道大学環境健康科学研究教育センター長、北海道大学病院医療情報企画部教授（兼任）

博士（医学）（北海道大学）、経営管理修士（専門職）（小樽商科大学）

2018年より文部科学省「課題解決型高度医療人材育成プログラム（病院経営支援に関する領域）」北海道大学・病院経営アドミニストレータ育成拠点の運営責任者を務めている。

藤原　健祐（ふじわら・けんすけ）

（第1章）

小樽商科大学ビジネススクール（専門職大学院）准教授

博士（保健科学）（北海道大学）、経営管理修士（専門職）（小樽商科大学）

2018年度に文部科学省「課題解決型高度医療人材育成プログラム（病院経営支援に関する領域）」北海道大学・病院経営アドミニストレータ育成拠点の運営に携る。現在は、小樽商科大学ビジネススクールにて、履修証明プログラム「ヘルスケア×マネジメントコース」の運営に従事。診療放射線技師。

石川　智基（いしかわ・ともき）

（第2章）

医療経済研究機構研究部主任研究員

博士（保健科学）（北海道大学）、経営管理修士（専門職）（小樽商科大学）

2018年度に北海道大学・病院経営アドミニストレータ育成拠点の教育プログラム立ち上げに従事。国立社会保障・人口問題研究所「一億総活躍社会」実現に向けた総合的研究プロジェクト委員（2020〜）、自治体の介護保険事業計画アドバイザー（2020〜）を務める。

レセプトデータ等の行政データを基に医療経済・政策学、医療経営学、医療情報学を中心とした研究を専門とする。診療放射線技師、医療情報技師。

佐瀬　雄治（させ・ゆうじ）

（第3章・第4章）

北海道情報大学医療情報学部医療情報学科講師

診療放射線技師、診療所事務長を経て、2014年より現職。医療経営系の講義を担当するとともに、医療情報技師・診療情報管理士の育成を担当。

診療放射線技師、医療情報技師、診療情報管理士、公認医療情報システム監査人補。

鈴木　哲平（すずき・てっぺい）

（第5章）

北海道教育大学岩見沢校芸術・スポーツビジネス専攻准教授

博士（保健科学）（北海道大学）、経営管理修士（専門職）（小樽商科大学）

2012年度から医療法人仁友会北彩都病院事務部企画課で勤務。2016年度から北海道大学大学院保健科学研究院健康イノベーションセンター特任助教を経て、2019年4月から現職。

診療放射線技師、医療情報技師。

医療経営士●中級【専門講座】テキスト5

先駆的事例に学ぶ経営手法の新戦略
──市場・非市場戦略の実践と内部資源確保に向けて

2021年3月28日　初版第1刷発行

監　　　修　小笠原　克彦
発 行 人　林　　　諄
発 行 所　株式会社 日本医療企画
　　　　　　　〒104-0032　東京都中央区八丁堀 3-20-5　S-GATE 八丁堀
　　　　　　　TEL 03-3553-2861（代）　　http://www.jmp.co.jp
　　　　　　　「医療経営士」専用ページ　http://www.jmp.co.jp/mm/
印 刷 所　図書印刷 株式会社

『医療経営士テキストシリーズ』全40巻

■初　級・全8巻

■中　級［一般講座］・全10巻

■中　級［専門講座］・全9巻

■上　級・全13巻

※タイトル等は一部予告なく変更する可能性がございます。